लोक-लय

तृप्ति मिश्रा

डायमंड बुक्स

www.diamondbook.in

आवरण : तृप्ति मिश्रा

प्रकाशक : डायमंड पॉकेट बुक्स (प्रा.) लि.
X-30 ओखला इंडस्ट्रियल एरिया, फेज-II
नई दिल्ली-110020
फोन : 011-40712200
ई-मेल : sales@dpb.in
वेबसाइट : www.diamondbook.in

LOK-LAY

By : Trupti Mishra

✿ समर्पण ✿

मेरे प्राणों के लोक की अनवरत लय ही मेरी लोक-लय है।
जिसे मैं अपनी **मातामहि श्रीमती विद्यावती शुक्ला**
को कृति रूप में समर्पित कर आनंदित हूं।

मंगल पर्व और गीत हमारी संस्कृति के प्रयाण हैं। लेकिन आधुनिकता की दौड़ में मंगल कार्य में गाये जाने वाले गीतों की यह संपन्न परंपरा लगभग विलुप्त होती जा रही है। इस संदर्भ में यह पुस्तक एक भीनी फुहार की तरह है। क्योंकि गीतों की अनेक पुस्तकें होने पर भी बिना लय के उन्हें गाया नहीं जा सकता है। महत्त्वपूर्ण बात यह है कि इस पुस्तक के सभी गीत यूट्यूब चैनल "सृजन Trupti Mishra" में लय के साथ उपलब्ध हैं। जो हमारी लोक धरोहर को बचाने की दिशा में एक सार्थक प्रयास है।

✿ भूमिका ✿

विविधता आकाश से नहीं उतरती, वह पृथ्वी में ही समाहित है और धरती की यही गन्ध लेकर उपस्थित हुई है, 'तृप्ति', बारिश के बाद मिट्टी की सौंधी-सौंधी खुशबू के साथ।

लोकगीत धरती की उपज है। लोक संस्कृति की भूमि सज-संवर कर तैयार हो गई है।

इस संकलन के द्वारा 'तृप्ति' अपने मातृ ऋण से भी उऋण होने का सार्थक प्रयास कर रही हैं।

'भजन-गंगा' की यह अनमोल विरासत सहेजने और आने वाली/अगली पीढ़ी को सौंपने के लिए यथोचित परिश्रम और महती एकाग्रता का सुखद संयोजन है, यह संकलन।

समय की दूरी अनेक तथ्यों पर परदा डाल देती है। दो पीढियों के मध्य के इसी परदे को हटाने की कोशिश की है 'तृप्ति' ने।

'भक्ति-गीतों' की यह गूंज सारी दुनिया में अपने विविध रूपों के साथ प्रचलित है।

बढ़ते शहरीकरण के अभिशाप ने हमारी लोक संस्कृति पर भी सेंध लगायी है। भारत की संस्कृति उत्सव धर्मी है, शुभ प्रसंगो सहित, नित्य जीवन में विभिन्न पर्वों पर भावपूर्ण, रसमयी गीतों की सहस्र वर्षीय अटूट श्रृंखला है।

समय के निर्मम थपेड़ों से यह क्षरित न हो जाये, आगे आने वाली पीढ़ियाँ इसे विस्मृत न कर दें, इस दृष्टि से चिन्तातुर संकलनकार ने इस अमूल्य धरोहर को चिरस्थायी बनाने की दिशा में एक सशक्त कदम धर दिया है।

तुलसी की विनय पत्रिका की परम्परा में लोक साहित्य के पूजा पुष्पों का संग्रह का साहित्य-संस्कृति धर्म सभी में हुलस कर स्वागत हो यही सद इच्छा!

'कोरोना काल' की आपदा को अवसर में बदलने का जो पराक्रम किया है, 'तृप्ति' का यह कृत्य अभिनन्दनीय है।

जो पीढ़ी सुप्रभात और निशा स्वस्ति सेल फोन से ही करती है, उसकी रुची और सुविधा के मद्देनजर यह संकलन यूट्यूब, 'सृजन Trupti Mishra' पर सजीली-सुरीली लय के साथ उपलब्ध है।

- डॉ. आराधना तिवारी

✿ अनुक्रमांक ✿

1. मैं सुमरुं तुम्हें गणराज

किसी भी आयोजन में सर्व प्रथम श्री गणेश की आराधना की जाती है और उसके बाद ही अन्य देवता पूजे जाते हैं।

एक अत्यंत पुरातन लोक गीत है जिसमें भक्तिन द्वारा गणेश भगवान से ये कामना की गई है कि हे भगवान! मैं आपका सुमिरन कर रही हूँ और उसके कीर्तन या कार्य मे विघन ना पड़े और इसी के साथ उनके गुणों का बखान भी किया गया है। गीत के बोल इस तरह हैं:-

मैं सुमरुं तुम्हे गणराज
मेरे कीर्तन में विघन पड़े ना
मेरे कारज में विघन पड़े ना

सबसे पहले तुम्हारी पूजा
तुमसा और देव नहीं दूजा
मुषों के असवार
मेरे कीर्तन में विघन पड़े ना
मेरे कारज में विघन पड़े ना

मैं सुमरुं तुम्हें गणराज
मेरे कीर्तन में विघन पड़े ना
मेरे कारज में विघन पड़े ना

शिव शंकर के पुत्र कहाये
पार्वती के गोद खिलाये
माया कर भंडार

मेरे कीर्तन में विघन पड़े ना
मेरे कारज में विघन पड़े ना

मैं सुमरुं तुम्हें गणराज
मेरे कीर्तन में विघन पड़े ना
मेरे कारज में विघन पड़े ना

रिद्धि-सिद्धि के तुम हो दाता
ज्ञान कोई तुम बिन नहीं पाता
विद्या के भंडार
मेरे कीर्तन में विघन पड़े ना
मेरे कारज में विघन पड़े ना

मैं सुमरुं तुम्हें गणराज
मेरे कीर्तन में विघन पड़े ना
मेरे कारज में विघन पड़े ना

सब देवों के तुम हो स्वामी
घट घट के तुम अंतरयामी
रखना सभा में लाज
मेरे कीर्तन में विघन पड़े ना
मेरे कारज में विघन पड़े ना

मैं सुमरुं तुम्हें गणराज
मेरे कीर्तन में विघन पड़े ना
मेरे कारज में विघन पड़े ना
"गणपति बप्पा मोरया"

✿ ✿ ✿

गीतों की लय जानने के लिए यूट्यूब चैनल "सृजन Trupti Mishra" को सबस्क्राइब करें।

2. लिख लिख पतियाँ भेजी राम ने

गीत देवी की लाचारी है। लाचारी से तात्पर्य, इन गीतों में भक्त द्वारा देवी का आवाह्न होता है और देवी से उनकी अनुकम्पा मांगी जाती है।

आज की लाचारी एक बड़ा ही सुंदर रामायण कालीन प्रसंग है कि एक दिन भगवान श्री राम के मन मे देवी के दर्शन की कामना जागती है और ऊँचे पहाड़ पर दुर्गा माता का मंदिर है। तो वह यह देखना चाहते हैं कि सच में ही दुर्गा मैया वहाँ विराजमान हैं कि नहीं। तो पहले वह माता के नाम एक पत्र भेजते हैं तो माँ आश्चर्य करती हैं, कि अरे! पत्र काहे लिखा। मैं तो यूँ ही जब भी बुलाओगे आ जाऊंगी।

जब यह खबर श्री राम तक पहुँचती है तो वह हनुमान जी को कहते हैं कि, जाओ एक सिंह लेकर जाओ और मैया को आदर सहित नगर में लाओ। हनुमान को बहुत खोजने पर भी कहीं भी सिंह नहीं मिलता और वह निराश होकर लौट आते हैं। जब यह खबर दुर्गा माँ तक पहुंचती है तो वह स्वयं अपने 7 सिंहों के साथ चली आती हैं। एक साथ लरजते-गरजते 7 सिंहों के साथ मैया को देख नगर के लोग डरने लगते हैं। इस पर भगवान राम सबको कहते हैं कि डरो मत, मैया तो सबकी रक्षा करने आई हैं।

लाचारी के गीत अपनी एक विशिष्ठ लय लिए होते हैं और भजनी ताल के साथ उठ कर आते हैं। उत्तर प्रदेश की मिश्रित भाषा मे लिखा गया ये गीत अनेक अपभ्रंशों से युक्त है। पर इनकी उपस्थिति गीत को और मधुर बना देती है। इस गीत के बोल निम्न लिखित हैं:-

लिख लिख पतियाँ
भेजी राम ने
तुम दुर्गा चली आओ
हो माय मैया
तुम दुर्गा चली आओ
हो माय

काहे के कारन
पति लिख भेजी
काहे को भेजा
बुलाय हो माय मैया
काहे को भेजा
बुलाय हो माय
दरसन खातिर मैया
पति लिख भेजी
परखन भेजा बुलाय
हो माय मैया
परखन भेजा बुलाय
हो माय

जाय हो मेरे
भईय्या लंगूरवा
एक सिंघ लै आओ
हो माय मैया
एक सिंघ ले आओ
हो माय
अरबत ढूढूँ मैया
परबत ढूढूँ
एक सिंघ ना पाय
हो माय मैया
एक सिंघ ना पाय
हो माय

एक घड़ी को
गयीं जगतारन
सात सिंघ लै आई
हो माय मैया
सात सिंघ ले आयी
हो माय
सिंघा चढ़ मैया
गरजत आई

डरपे नगर के लोग
हो माय मैया
डरपे नगर के लोग
हो माय

नहीं डरपो मोरे
नगरी के लुगवा
रक्छा करन देवी आई
हो माय मैया
रक्छा करन देवी आई
हो माय

पान सुपारी मैया
ध्वजा नारियल
जगमग जोत जलाय
हो माय मैया
जगमग जोत
जलाय हो माय

सुमर-सुमर मैया
तेरो जस गाउँ
चरन छोड़ कहाँ जाऊँ
हो माय मैया
चरण छोड़ कहाँ जाऊँ
हो माय।

✿ ✿ ✿

गीतों की लय जानने के लिए यूट्यूब चैनल "सृजन Trupti Mishra" को सब्सक्राइब करें।

3. सतघट नदिया विकटवा की धारा

यह गीत उत्तर भारतीय भाषा में गाई जाने वाली लाचारी है। लाचारी से तात्पर्य, इन गीतों में भक्त की लाचारी और देवी का आवाह्न दिखता है कि हे देवी, आप आइए और मुझे संकटो से बचाइए।

इसी के साथ ही गीत के अंत में एक आभार भी होता है कि देवी पान, सुपारी, ध्वजा, नारियल के अलावा मेरे पास आपको देने के लिए कुछ नहीं है और तुम्हारे चरणों को छोड़कर कहाँ जाऊं। अपनी भाषा और संवादों के तारतम्य के कारण यह गीत प्रारम्भ से अंत तक एक लयबद्ध कथा का आभास देता है और कहीं भी अगले वाक्य की उत्सुकता को खत्म नहीं होने देता।

यह लाचारी एक गाय, बछड़े और शेर के बीच की कथा है और उनके बीच का संवाद है।

इस कथा में बड़ी मुश्किल से गाय नदी पार कर कजली वन में चरने के लिए पहुंचती है और अपने सामने सिंह को खड़ा पाती है। शेर कहता है –मैं तुझे खा जाऊंगा। पर गाय विनती करती है कि घर पर मेरा बछड़ा छोटा है उसे अंतिम बार दूध पिलाकर आने दो फिर मुझे खा लेना।

पर शेर कहता है मैं कैसे भरोसा कर लूं, इसपर गाय कहती है कि चांद-सूरज मेरी साख देंगे और इस वन के पेड़-पौधे मेरी गवाही देते हैं। पर शेर विश्वास नहीं करता, वो कहता है कि चांद-सूरज तो उगते ढलते हैं और पेड़-पत्ती तो झड़ जाएंगे।

इस पर गाय, माँ जगदम्बे यानी धरती माँ को याद करती है और कहती है ठीक है, धरती माता ही मेरी साख देंगी और वही मेरी गवाह भी हैं। शेर वचन लेकर उसे जाने देता है।

घर आकर वो अपने बछड़े से कहती है कि आज आखिरी बार वो उसका दूध पी ले और वो शेर से हार कर आई है। उस पर बछड़ा कहता है कि वह हारा हुआ दूध नहीं पियेगा और उसके साथ वो भी जाएगा और शेर से कहेगा कि वह उसे भी खा जाए।

इधर शेर ऊंचे पहाड़ों पर से देखकर सोचता है गाय अभी तक क्यों नहीं आयी। पर तभी वो गाय के साथ उसके बछड़े को भी आते हुए देखता है और मन ही मन एक साथ दो शिकार देखकर बड़ा प्रसन्न होता है।

शेर के पास आकर बछड़ा शेर से बोलता है-"हे मामा! तुम मुझे पहले खाओ फिर मेरी माँ को खाना।" छोटे से बछड़े के मुँह से "मामा" सुनकर शेर बड़ा आश्चर्य चकित हो जाता है, वह हँस कर पूछता है इतनी बुद्धि और गुरुज्ञान तुझे किसने दिया? तब बछड़ा कहता है कि माँ जालपा ने मुझे बुध्दि दी और गुरुज्ञान मुझे लंगूरा यानी हनुमान जी ने दिया।

उसकी इस बात से प्रसन्न होकर वह दोनों को छोड़ देता है और उन्हें आराम से कजली वन में विचरने और जमना जी का पानी पीने की अनुमति दे देता है।

इस तरह अत्यंत सुंदर इस गीत के बोल निम्न लिखित हैं, भाषा में अनेक अपभ्रंश हैं जैसा सुनती आयी हूँ वैसा ही प्रस्तुत कर रही हूँ:-

सतघट नदिया विकटवा की धारा,
कैसे गउएं उतरे पार हो माय मैया
कैसे गउएं उतरे पार हो माय

धरम सिला आगे धर दीन्ही,
गउएं उतर गयीं पार हो माय मैया
गउएं उतर गयीं पार हो माय

एक बन गेली, दूसर बन गेली,
तिसरे में सिंघबा दहाड़े हो माय मैया
तिसरे में सिंघबा दहाड़े हो माय

रोज रोज बन चर गई सुरहिन (गाय),
आज लगा मेरो दाव हो माय मैया
आज लगा मेरो दाव हो माय

अब की बेरा (बार) बकस (बक्श) देओ भैय्या,
घर बचवा नादान हो माय मैया
घर बचवा नादान हो माय

को (कौन) सुरहिन तोरी साख भरत है,
को तोरी देत गवाय (गवाही) हो माय मैया
को तोरी देत गवाय हो माय

चंदा सूरज मोरी साख भरत हैं,
बंस पती (झाड़ पत्तियां) गवाय हो माय मैया
बंस पती गवाय हो माय

चंदा सूरज मैया उगवत अचवत (उगते और अस्त),
बंस पती झर (झड़ना) जाय हो माय मैया
बंस पती झर जाय हो माय

यह धरती मोरी साख भरत हैं,
यही मोरी गवाय हो माय मैया
यही मोरी गवाय हो माय

इतना कहकर चल गई सुरहिन,
द्वार पे आये रंभाये (गाय की आवाज) हो माय मैया
द्वार पे आये रंभाये हो माँ

आओ मेरे बछवा पियो मेरा दुधवा,
मैं सिंघा बचन हार आई हो माय मैया
मैं सिंघा बचन हार आई हो माय

हारा हुआ दूध न पियूँ मेरी माता,
हमहुँ चलब तोरे साथ हो माय मैया
हमहुँ चलब तोरे साथ हो माय

आगे आगे बछवा, पीछे पीछे सुरहिन,
कजरी के बन को जाय हो माय मैया
कजरी के बन को जाय हो माय

ऊँचे चढ़ चढ़ सिंघा निहारे,
अबहुँ ना सुरहिन आई हो माय मैया
अबहुँ न सुरहिन आई हो माय

बचन की बांधी सुरहिन गैय्या,
एक गए दो आये हो माय मैया
एक गए दो आये हो माय

पहले मामा हमे भज (भक्षण) लेओ,
बाद में माई हमार हो माय मैया
बाद में माई हमार हो माय

को रे भनज (भांजे) तोहे सुध बुध दीन्हीं,
कौन दियो गुरुज्ञान हो माय मैया
कौन दियो गुरु ज्ञान हो माय

माता जालपा सुध-बुध दीन्हीं,
लंगूरा (हनुमान) दिए गुरुज्ञान हो माय मैया
लंगूरा दिए गुरु ज्ञान हो माय

चरने को कजरी बन दीन्हा,
पियो जमना जल नीर हो माय मैया
पियो जमना जल नीर हो माय

पान सुपारी ध्वजा नारियल
यही अबला की भेंठ हो माय मैया
यही अबला की भेंठ हो माय

सुमर-सुमर मैया तेरो जस गाऊँ
चरन छोड़ कहाँ जाऊं हो माय मैया
चरण छोड़ कहाँ जाऊँ हो माय

"बोल जगदम्बे मैया की जय"

✿ ✿ ✿

गीतों की लय जानने के लिए यूट्यूब चैनल "सृजन Trupti Mishra" को सब्सक्राइब करें।

4. लौंग की डारि मैया पड़े हैं हिंडोला

देवी का अत्यंत मधुर गीत जिसमें देवी के बाल रूप का वर्णन है कि सात बहनें यानी सात बाल रूपी देवियाँ झूला झूलना चाहती हैं और जिद कर झूलकर आती हैं, झूला मटमैला हो गया और आगे माता रानी और धोबिन का संवाद है कि झूला धोने के एवज में धोबिन चाहती है कि उसके धोबी को माता रानी अमर कर दें। पर आज तक कोई भी अमर ना हो सका उसे मैया समझाती हैं।

लौंग भी मैया की प्रिय मानी जाती है तो इस गीत में लौंग के पेड़ की बात भी की गई है।

उत्तर प्रदेश की भोजपुरी भाषा का यह पूरा गीत अपने भाव, संवादों के तारतम्य और राग के कारण अत्यंत ही रोचक कर्णप्रिय है। भाषा में अनेक अपभ्रंश हैं। जैसा सुनती आयी हूं वैसा ही लिख रही हूँ।

लौंग की डारि मैया पड़े हैं हिंडोला,
सातों बहिनी झूलन जाय हो माय मैया
सातों बहिनी झूलन जाय हो माय

कौन झूले मैया, कौन झुलावै,
को तोरी डुलत बयार (झूला देना) हो माय मैया
को तोरी डुलत बयार हो माय

सातों बहिनी झूलें मैया लंगूरा झुलावें,
हनुमत डुलने बयार हो माय मैया
हनुमत डुलने बयार हो माय

धीरे-धीरे झूलो मेरी जगत की जननी,
झूलना गरद (धूल से मटमैला) हुई जाय हो माय मैया
झूलना गरद हुई जाय हो माय

झूलना गरद होये, होये जान देयो,
धोये लाये धोबिया हमार हो माय मैया
धोए लाये धोबिया हमार हो माय

गंगा धोवै मैया जमना हिलौरें,
सुखहैं लौंग की डार हो माय मैया
सुखहैं लौंग की डार हो माय

धोये धाए जब लाई धोबनिया,
धर दीन्ही दर प दुआर हो माय मैया
धर दीन्ही दर प दुआर हो माय

मांग का होये सो माँगो री धोबनिया,
आज माँगन हम देब हो माय मैया
आज माँगन हम देब हो माय

अन धन मैया तुम्हरो दियो है,
धोबिया अमर कर देयो हो माय मैया
धोबिया अमर कर देयो हो माय

अमर नहीं धोबिन पांच पांडवा,
जिन्ने मोरी सेवा कीन हो माय मैया
जिन्ने मोरी सेवा कीन हो माय

इस कलिजुग में तीन अमर हैं,
पानी (बादल) पवन गंगा नीर हो माय मैया
पानी पवन गंगा नीर हो माय

सुमर-सुमर मैया तेरो जस गाउँ,
चरन छोड़ कहाँ जाऊं हो माय मैया
चरण छोड़ कहाँ जाऊं हो माय

पान सुपारी मैया ध्वजा नारियल,
जगमग जोत जलाऊं हो माय मैया
जगमग जोत जलाऊं हो माय

✿ ✿ ✿

गीतों की लय जानने के लिए यूट्यूब चैनल "सृजन Trupti Mishra" को सब्सक्राइब करें।

5. बरनी सके नाही कोय कला तेरी

आज का गीत ज्वाला मैया की आराधना का गीत है। हिमाचल प्रदेश के कांगड़ा जिले में कालीधार पहाड़ी के बीच ज्वाला देवी का अद्‌भुत मंदिर है, जहाँ देवी के स्वरूप 9 ज्वालाएं अनंत काल से जल रही हैं।

ना तो इन ज्वालाओं में कोई तेल डालता है, न आग जलाता है पर चमत्कारिक रूप से ये लौ हर मौसम और काल को पराजित करती हुई आज तक जलती आ रही हैं और इसी लिए इस मंदिर को ज्वाला मुखी कहते हैं।

कहते हैं ज्वाला देवी का मंदिर महाभारत कालीन है और पांडवों ने यहाँ पूजा की थी।

हमारा आज का गीत भी ज्वाला मैया के मंदिर के वैभव, देवी का स्थान, वहां बहती नदिया, पांडवो का पूजन की कहानी कहता है।

गीत का प्रारंभ "बरनी सके न कोय" अर्थात तेरा वर्णन नहीं किया जा सकता देवी।

"कला तेरी" अर्थात तेरी लीला या तेरे वैभव का बखान नहीं किया जा सकता, इस तरह से होता है। भाषा में अनेक अपभ्रंश हैं। जैसा सुनती आयी हूँ वैसा ही प्रस्तुत कर रही हूँ।

बरनी सके नाही कोय कला तेरीकाहू से बरनी न जाय
बरनी सके नाही कोय कला तेरीकाहू से बरनी न जाय

कि मेरी ज्वाला रानी
गढ़ परबत एक मंदिर बनो है
कि मेरी अम्बे रानी
गढ़ परबत इक मंदिर बनो है
लाल ध्वजा लहराय,

कला तेरी काहू से बरनी न जाय
बरनी सके नाही कोय कला तेरी
काहू से बरनी न जाय

कि मेरी ज्वाला रानी
गढ़ परबत इक नदिया बहैत है
कि मेरी अम्बे रानी
गढ़ परबत एक नदिया बहैत है
मानो गंग लहराय हलाहल
कला तेरी काहू से बरनी न जाय

बरनी सके नाही कोय कला तेरी
काहू से बरनी न जाय

कि मेरी ज्वाला रानी
नारायण के मुख से निकली
कि मेरी अम्बे रानी
नारायण के मुख से निकली
ज्वालामुखी है तेरो नाम
कला तेरी काहू से बरनी न जाय

बरनी सके नाही कोय कला तेरी
काहू से बरनी न जाय

कि मेरी ज्वाला रानी
पाँच पांडवा होम करत हैं
कि मेरी अम्बे रानी
पाँच पांडवा होम करत हैं
अरजुन छत्र चढ़ाये
कला तेरी काहू से बरनी न जाय

बरनी सके नाही कोय कला तेरी
काहू से बरनी न जाय

कि मेरी ज्वाला रानी
घी गुडन का होम होत है
कि मेरी अम्बे रानी
घी गुड़न का होम होत है
महर महर मठलाय
कला तेरी काहू से बरनी न जाय

बरनी सके नाही कोई कला तेरी
काहू से बरनी न जाय

कि मेरी ज्वाला रानी
जो ध्यावै सो ही फल पाय
कि मेरी अम्बे रानी
जो ध्यावै सो ही फल पाय
निष्फल कबहूँ नजे जाय
कला तेरी काहू से बरनी न जाय

बरनी सके नाही कोय कला तेरी
काहू से बरनी न जाय
बरनी सके नाही कोय कला तेरी
काहू से बरनी न जाय

✿ ✿ ✿

गीतों की लय जानने के लिए यूट्यूब चैनल "सृजन Trupti Mishra" को सब्सक्राइब करें।

6. बोले अनंद बन मोर

एक अत्यंत मधुर गीत जिसमें एक मोरनी की व्यथा है और विंध्य मैया की कृपा से वह उस विपदा से निकलती है और मैया का धन्यवाद करती है।

ये गीत एक कथा के रूप में आगे बढ़ता है जिसमें आनंद वन के आनंद मठ में एक मोरनी अंडे देती है और उसी समय दुर्योधन का लश्कर वहाँ से निकलने वाला होता है।

तब उदास मोरनी को देखकर विंध्याचल मैया पूछती हैं कि हे मोरनी तू क्यों उदास है, क्या तेरे पास अन्न धन की कमी है या तेरे पति परदेस में हैं।

तब मोरनी अपनी उदासी का कारण बताती है कि मैया मुझे कोई कमी नहीं पर मेरे अंडे दुर्योधन के लश्कर में दबकर फूट जाएंगे, अगर मेरे बच्चे होते तो उन्हें लेकर मैं उड़ जाती, पर ये अंडे लेकर मैं कहाँ जाऊँ।

इस पर माता उसके अंडों से बच्चे निकाल देती हैं और वह मोरनी खुशी खुशी अपने बच्चों के साथ मठ से निकलती है और माता का आभार प्रकट करती है कि जैसा आपने मेरा कल्याण किया वैसे सबका कल्याण करना।

माता की आराधना का यह गीत लाचारी कहा जाता है। लाचारी से तात्पर्य, इन गीतों में भक्त की लाचारी दिखती है। याचना दिखती है कि हे माँ! आकर मेरी रक्षा करो। इन गीतों के अंत में माँ के प्रति आभार और धन्यवाद होता है।

उत्तर भारत के कानपुर शहर के आसपास बोली जाने वाली भाषा का यह गीत, देवी मैया और उनकी भक्त रूपी मोरनी के एक अत्यंत मधुर संवाद को प्रकट करता है। हर वाक्य में नए पन की कसावट के साथ इस गीत की लय इसे अत्यंत कर्णप्रिय बनाती है। भाषा में अनेक अपभ्रंश हैं। जैसा सुनती आयी हूँ वैसे ही प्रस्तुत कर रही हूँ।

बोले अनंद बन मोर हो, जग तारणी माया
बोले अनंद घन नार हो, जग तारणी माया

जब ये मोरनी मठ में आयी, मैया जी पूँछें बात हो
जग तारणी माया
बोले अनंद बन मोर हो जग तारणी माया
बोले अनंद घन नार हो जग तारणी माया

को रे मोरनी अन धन थोरा, कि तोरे पिया परदेस हो
जग तारणी माया
बोले अनंद बन मोर हो, जग तारणी माया
बोले अनंद घन नार हो, जग तारणी माया

ना हिं बिंध्या मैया अन धन थोरा, ना मोरे पिया परदेस हो
जग तारणी माया
बोले अनंद बन मोर हो, जग तारणी माया
बोले अनंद घन नार हो, जग तारणी माया

दुर्योधन का लसकर निकला, अंडा दबै दब जायें हो
जग तारणी माया
बोले अनंद बन मोर हो, जग तारणी माया
बोले अनंद घन नार हो, जग तारणी माया

बच्चा जो होते तो, लै उड़ जाती अण्डा कहाँ लैके जाऊँ हो
जग तारणी माया
बोले अनंद बन मोर हो, जग तारणी माया
बोले अनंद घन नार हो, जग तारणी माया

जब ये मोरनी मठ से निकली, बच्चा करैं किलकोर हो
जग तारणी माया
बोले अनंद बन मोर हो, जग तारणी माया
बोले अनंद घन नार हो, जग तारणी माया

जय जय बिंध्या मैया मोरनीबाजो, ऐसे निबाजो सब कोय हो
जग तारणी माया
बोले अनंद बन मोर हो जग तारणी माया
बोले अनंद घन नार हो, जग तारणी माया

"बोलो विंध्याचल मैया की जय"

✿ ✿ ✿

गीतों की लय जानने के लिए यूट्यूब चैनल "सृजन Trupti Mishra" को सब्सक्राइब करें।

7. दरसन दे हो माई

यह लोकगीत देवी का एक अत्यंत पुरातन गीत है। इस गीत में भक्तिन देवी मैया से दर्शन चाहती है और कहती है कि मेरा मन तो बस तुझमें लगा है मैया। मुझे अपने दर्शन दो।

अपने आसपास की हर चीज उसे बड़ी सुंदर नजर आती है। उसका मानना है कि मैया के तेज से सब कुछ बड़ा दर्शनीय है और वह मैया को भी बुलाती है कि आओ मैया दर्शन दो।

इस गीत में यमक अलंकार का बड़ा ही सुंदर उदाहरण मिलता है, एक शब्द "नीक" का प्रयोग बार-बार इस गीत में हुआ है और हर बार इसका एक अलग अर्थ निकलता है।

उत्तर भारतीय की मिश्रित भाषा के इस गीत में अनेक अपभ्रंश हैं। जैसा सुनती आयी हूँ वैसा प्रस्तुत कर रही हूँ।

दरसन दे हो माई, मोरे मन लागा
दरस कइय्या (दर्शन देने को आओ)

कि ऐरी मैया छैया तो
नीक (घनी) नीम के री
ठंडी चलत बयार
मोर मन लागा
दरस कइय्या

दरसन देहो माई, मोरे मन लागा
दरस कइय्या

कि ऐरी मैया छैया तो
नीक (घनी) बबुल के री
जहाँ चुवत (गिरना या उड़ना) है वार (बबूल के फूल)
मोर मन लागा
दरस कइय्या

दरसन देहो माई, मोरे मन लागा
दरस कइय्या

कि ऐरी मैया चूड़ियाँ तो
नीक (गहरे) हरे रंग की
सेंदूरा भरी मांग
मोर मन लागा
दरस कइय्या

दरसन देहो माई, मोरे मन लागा
दरस कइय्या

की ऐरी मैया चूड़ियाँ तो
नीक (शुद्ध) बरत (धातु) के री
पायल झनकारा
मोर मन लागा
दरस कइय्या

दरसन देहो माई, मोरे मन लागा
दरस कइय्या

कि ऐरी मैया गैय्यां तो
नीक (ढेर सारी) अहीर के री
बछुआ लिए साथ

मोर मन लागा
दरस कइय्या

दरसन देहो माई
मोरे मन लागा
दरस कइय्या

कि ऐरी मैया डोलिया तो
नीक (शुद्ध) चंदन के री
चारों लगे हैं कहार
मोर मन लागा
दरस कइय्या

दरसन देहो माई
मोरे मन लागा
दरस कइय्या

कि ऐरी मैया पिहरीतो नीक (चटक) हरदके री
बालक लिए गोद
मोर मन लागा
दरस कइय्या

दरसन देहो माई मोरे मन लगा
दरस कइय्या

✿ ✿ ✿

गीतों की लय जानने के लिए यूट्यूब चैनल "सृजन Trupti Mishra" को सब्सक्राइब करें।

8. आई रण में माता चंडी

अनेक पौराणिक प्रसंगों की लोकगीतों में बड़ी खूबसूरती से व्याख्या की गई है। ऐसा ही एक प्रसंग महिषासुर वध का है।

जब महिषासुर नामक दानव ने पृथ्वी, आकाश और पाताल पर विजय कर ली। तब उसके अत्याचारों से दुःखी हो सभी देवताओं ने मिलकर अपनी अपनी शाक्तियों के सम्मिश्रण से एक तेजोमय देवी के रूप में "महिषासुर मर्दिनी" की रचना की।

अपने तेज और ताकत से सिंह और सवार देवी ने महिषासुर और उसकी सेना को उखाड़ फेंका और महिषासुर का वध कर दिया।

विजयी होने के बाद प्रसन्नता से देवी अट्टहास करने लगीं। उनकी हँसी इतनी भयानक थी सारी पृथ्वी काँप उठी, देवताओं के सिंहासन डोल उठे तब उन्हें शांत करने के लिए शिव उनके आगे नतमस्तक हो गए और उनके पैरों में आये। अट्टहास नृत्य करती हुई देवी के चरण जैसे ही भगवान शिव पर पड़े तो उन्हें अपना असली स्वरूप याद हो आया। वो शांत तो हुई ही, साथ ही शिव पर पैर पड़ने के संताप में लज्जावश उनकी जीभ बाहर आ गयी।

इस सुंदर प्रसंग को एक बहुत ही सुंदर गीत में ढाला गया है। गीत के बोल इस प्रकार हैं:-

आई रण में माता चंडी, आई रण में माता चंडी
चलीं त्रिशूल लिए महारानी, माता चंडी

निकले महिषासुर के सैनिक
अपना सीना ताने

माँ से लड़ने दौड़ पड़े वो
अपनी जान गंवाने
माँ की शक्ति नहीं है जानी
युद्ध करने की है ठानी

आई रण में माता चंडी
आई रण में माता चंडी
चलीं त्रिशूल लिए महारानी
माता चंडी

असुरों ने जब शस्त्र चलाये
अपने अपने मन के
प्राण हरे दुष्टन के
सिंह करता था मनमानी
लहू बहाता जैसे पानी

आई रण में माता चंडी
आई रण में माता चंडी
चलीं त्रिशूल लिए महारानी
माता चंडी

हुई महिषासुर से लड़ाई
ना ना रूप दिखाए
फिर भी माँ चंडी ने सबको
हँसकर मार गिराए
माँ की लीला नहीं है जानी
युध्द करने की है ठानी

आई रण में माता चंडी
आई रण में माता चंडी
चलीं त्रिशूल लिए महारानी
माता चंडी

हुई उन्मत्त अट्टहास में
सारी धरा कँपायी
जब शंभू आये पैर के नीचे
असल रूप में आई
फिर होकर लज्जावश माई
जीभ को बाहर लाई

आई रण में माता चंडी
आई रण में माता चंडी
चलीं त्रिशूल लिए महारानी
माता चंडी

"बोलो महिषासुर मर्दिनी की जय"

✿✿✿

गीतों की लय जानने के लिए यूट्यूब चैनल "सृजन **Trupti Mishra**" को सब्सक्राइब करें।

9. अंगना लिपत मोहि देहिं भर आई

यह मैया का एक पुराना लोकगीत, जिसे उत्तर भारतीय लोगों में जब भजन होते हैं तो क्रमवार सर्व प्रथम गणेश जी, उसके बाद देवी के गीत गाये जाते हैं और उसके बाद तीसरे क्रम में हनुमान या लंगूरा गाये जाते हैं।

पर लंगूरा शुरू करने से पहले और देवी के भजन खत्म करने के बाद बीच में देवी का ही आखिरी भजन गाया जाता है जिसे "लाचारी" कहा जाता है एवं इसे गाने के बाद ही अन्य भजन शुरू किए जाते हैं।

प्रस्तुत है एक लाचारी जिसे अपनी अम्मा और ताई-चाचियों से बचपन से सुनती आयी हूँ। भाषा में अनेक अपभ्रंश हैं। जैसा सुनती आयी हूँ वैसे ही लिख रही हूँ।

अंगना लिपत मोहि देहिं भर आई
भवन लिपत देवी आयी हो माय

चंपा का फूल मैया कैस क चढ़ावा
भवरन डार जुठार हो माय मैया

नदिया का नीर मैया कैस क चढ़ावां
मछरीन डार जुठार हो माय मैया

खेतवा का अन मैया कैस क चढ़ावां
चिरियांन डार जुठार हो माय मैया

डिबिया का सिंदुरा मैया कैसे क कि चढ़ावां
बहुआन डार जुठार हो माय मैया

लाल चुनरिया मैया कैसे क चढ़ावां
बिटियन डार जुठार हो माय मैया

अठ अठवाई मैया कैसे क चढ़ावां
बाल्कन डार जुठार हो माय मैया

पान सुपारी मैया धजा(ध्वजा) नारियल
यही मौला तोला भेंठ हो माय मैया

अंगना लिपत मोहिं देहिं भर आई
भवन लिपत देवी आई हो माय मैया

"भवन लिपत देवी आई हो माय"

✿ ✿ ✿

गीतों की लय जानने के लिए यूट्यूब चैनल "सृजन Trupti Mishra" को सब्सक्राइब करें।

10. जीवन में रंग लाई, चुनरिया रंग लाई

माता के गीतों को किसी भी मांगलिक अवसर में गाया जाता है और इन गीतों में माता और भक्त खासकर भक्तिन या महिलाओं का मैया के साथ एक निकट का संबंध प्रदर्शित होता है।

यह लोकगीत माता की लाल चुनरिया का होना भक्तिन के जीवन में सार्थकता को दर्शाता है। इसमें भक्तिन माँ की लाल चुनरिया के गुणगान कर रही है और बता रही है कि कैसे मैया के आसपास लाल रंग की उपस्थिति उसके जीवन को खुशियों से सराबोर कर रही है।

गीत के बोल इस प्रकार हैं:-

जीवन में रंग लाई, चुनरिया रंग लाई
जीवन में रंग लाई, चुनरिया रंग लाई

ऊंचा भवन मैया ऊंचा सिंघासन, लाल ध्वजा फहराई
चुनरिया रंग लाई
जीवन में रंग लाई, चुनरिया रंग लाई

लाल भवन में लाल (बेटे) ले आए, झंडे तेरे लाल
चुनरिया रंग लाई
जीवन में रंग लाई, चुनरिया रंग लाई

भक्तों को बरसाया, दर पे, लाल ही रंग गुलाल
चुनरिया रंग लाई
जीवन में रंग लाई, चुनरिया रंग लाई

लाल ज्योति से मिले रोशनी, जीवन होय निहाल
चुनरिया रंग लाई
जीवन में रंग लाई, चुनरिया रंग लाई

माँ जगदम्बे, अम्बे मैया, दर्शन दो इक बार
चुनरिया रंग लाई
जीवन में रंग लाई चुनरिया रंग लाई

"बोल अम्बे माता की जय"

✿✿✿

गीतों की लय जानने के लिए यूट्यूब चैनल "सृजन **Trupti Mishra**" को सबस्क्राइब करें।

11. राम लिए अवतार राजा दसरथ के घर

हमारी संस्कृति जीवन की सभी महत्वपूर्ण घटनाओं के लिए लोकगीत हैं, जिनमें जन्म की बधाई से लेकर मरण के रुदाली तक के गीत समाहित हैं। एक अत्यंत मधुर जच्चा या सोहर यानी कि जन्म पर बधाई गीत, जिसमें श्रीराम के जन्म पर महोत्सव करने के लिए कहा जा रहा है। उत्तर प्रदेश की मिश्रित भाषा में लिखे गए इस गीत में अनेक अपभ्रंश हैं।

एक विशेष शब्द 'डिगधर' का प्रयोग हुआ है जिसका मतलब गाँव में कच्चे घरों में दीवारों पर जब सफेदी की जाती है तो कमरे या आँगन की जमीन पर भी एक या दो बालिश्त वो सफेदी की जाती है। आउट लाइन की तरह उसे 'डिगधर' कहते हैं। और तीज त्योहारों पर, विवाह या बड़े आयोजनों में कच्चे घरों की सफेदी कर जमीन के किनारों को भी पोतते हुए 'डिगधर' आज भी गांवों में बनाये जाते हैं।

गीत के बोल इस प्रकार हैं

राम लिए अवतार राजा दसरथ के घर
राम लिए अवतार राजा दसरथ के घर

सुरहिंन गैय्या का गोबर मँगाओ
डिगधर अँगना लिपाओ
राजा दसरथ के घर
राम लिए अवतार राजा दसरथ के घर

डिगधर अँगना लिपायो कौसल्या
मुतियन चौक पुराओ
राजा दसरथ के घर
राम लिए अवतार राजा दसरथ के घर

मुतियन चौक पुरायो कौसल्या
चंदन पटली लगाओ
राजा दसरथ के घर
राम लिए अवतार राजा दसरथ के घर

चन्दन पतली लगायो कौसल्या
सोने कलस धाराओं
राजा दसरथ के घर
राम लिए अवतार राजा दसरथ के घर

सोने कलस धरायो कौसल्या
चौमुख दियना जलाओ
राजा दसरथ के घर
राम लिए अवतार राजा दसरथ के घर

चौमुख दियना जलायो कौसल्या
मंगलाचार कराओ
राजा दसरथ के घर
राम लिए अवतार राजा दसरथ के घर

सरजू के तीर अयोध्या नगरी
नगरी भई है निहाल
राजा दसरथ के घर
राम लिए अवतार राजा दसरथ के घर
राम लिए अवतार राजा दसरथ के घर

✿ ✿ ✿

गीतों की लय जानने के लिए यूट्यूब चैनल "सृजन **Trupti Mishra**" को सब्सक्राइब करें।

12. आधी रात को निकलीं भवानी

लोकगीतों में देवी की स्तुति का अपना स्थान है और देवी के गीत बहुतायत में हैं। विभिन्न मौकों पर अलग-अलग गीत गाये जाते हैं। यह गीत देवी की "लाचारी" है। लाचारी में देवी की कृपा पाने का आग्रह होता है और अपनी एक विशिष्ट लय होती है।

यह लाचारी एक विशेष लाचारी है जिसे विवाह के रतजगे में गाया जाता है। अब प्रश्न है कि यह दूसरी लाचारी से कैसे अलग है?

देवी के गीतों में हम देवी के श्रृंगार की बात करते हैं। जैसे लाल चुनरी। छत्र इत्यादि पर इस गीत में देवी का श्रृंगार एक नई दुल्हन की तरह गाया जाता है। जैसे लाल चुनरी की जगह पिहरी, गीत में दूल्हे की माँ का भी जिक्र आता है।

उत्तरभारतीय भाषा मे लिखे गये इस गीत में अपभ्रंशों का प्रयोग है और यह गीत, विवाह आदि में रतजगे के अवसर पर गाया जाता है। गीत के बोल इस प्रकार हैं:-

आधी रात को निकलीं भवानी, आधी रात को निकलीं जालपा
सोय रहें नगरी के लोग हो माय मैया
सोय रहें नगरी के लोग हो माय

इक नहीं सोये मैया, बजाज का लड़का
मैया जी को, पिहरी चढ़ाय हो माय मैया
मैया जी को पिहरी चढ़ाय हो माय

आधी रात को निकलीं भवानी, आधी रात को निकलीं जालपा
सोय रहें नगरी के लोग हो माय मैया
सोय रहें नगरी के लोग हो माय

इक नहीं सोये मैया, सुनार का लड़का
मैया जी को हार, चढ़ाय हो माय मैया
मैया जी को हार चढ़ाय हो माय

आधी रात को निकलीं भवानी, आधी रात को निकलीं जालपा
सोय रहें नगरी के लोग हो माय मैया
सोय रहें नगरी के लोग हो माय

इक नहीं सोये मैया, मालिया का लड़का
मैया जी को गजरा चढ़ाय हो माय मैया
मैया जी को गजरा चढ़ाय हो माय

आधी रात को निकलीं भवानी, आधी रात को निकलीं जालपा
सोय रहें नगरी के लोग हो माय मैया
सोय रहें नगरी के लोग हो माय

इक नहीं सोये मैया, बम्मनवा का लड़का
मैया जी का हवन, कराय हो माय मैया
मैया जी का हवन, कराय हो माय

आधी रात को निकलीं भवानी, आधी रात को निकलीं जालपा
सोय रहें नगरी के लोग हो माय मैया
सोय रहें नगरी के लोग हो माय

इक नहीं सोये मैया, दूल्हे की अम्मा
मैया जी का रतजगा, कराय हो माय मैया
मैया जी का रतजगा, कराय हो माय

आधी रात को निकलीं भवानी, आधी रात को निकलीं जालपा
सोय रहें नगरी के लोग हो माय मैया
सोय रहें नगरी के लोग हो माय

सुमर सुमर मैया, तेरो जस गाउँ
चरन छोड़ कहाँ, जाऊँ हो माय मैया
चरन छोड़ कहाँ जाऊँ हो माय

आधी रात को निकलीं भवानी, आधी रात को निकलीं जालपा
सोय रहें नगरी के लोग हो माय मैया
सोय रहें नगरी के लोग हो माय

देवी के मंदिर, करो परकम्मा
अटल छत्र को, चढ़ाओ हो माय मैया
अटल छत्र चढ़ाओ हो माय

आधी रात को निकलीं भवानी
आधी रात को निकलीं जालपा
सोय रहें नगरी के लोग हो
माय मैया
सोय रहें नगरी के लोग हो माय

"अम्बे मात की जय"

✿ ✿ ✿

गीतों की लय जानने के लिए यूट्यूब चैनल "सृजन Trupti Mishra" को सब्सक्राइब करें।

13. सुमिरन करूँ आज भवानी का

यह लोकगीत प्रभु की भक्ति का एक ऐसा गीत है, जिसमें एक साथ कई देवी-देवताओं की स्तुति हो जाती है। गीत के बोल इस प्रकार हैं:-

सुमिरन करूँ आज भवानी का, सुमिरन करूँ
सुमिरन करूँ आज भवानी का, सुमिरन करूँ

पहला सुमिरन गणपति जी का, रिद्धि-सिद्धि महारानी का सुमिरन करूँ
सुमिरन करूँ आज भवानी का सुमिरन करूँ

दूसरा सुमिरन भोले नाथ का, गौरा जी महारानी का सुमिरन करूँ
सुमिरन करूँ आज भवानी का सुमिरन करूँ

तीसरा सुमिरन राजा राम का, सीता जी महारानी का सुमिरन करूँ
सुमिरन करूँ आज भवानी का सुमिरन करूँ

चौथा सुमिरन कृष्ण चंद्र का, राधा जी महारानी का सुमिरन करूँ
सुमिरन करूँ आज भवानी का सुमिरन करूँ

पाँचवा सुमिरन गुरु अपने का, गुरुआई अपनाने का सुमिरन करूँ
सुमिरन करूँ आज भवानी का सुमिरन करूँ

सुमिरन करूँ आज भवानी का, सुमिरन करूँ
सुमिरन करूँ आज भवानी का, सुमिरन करूँ

"जय हो"

✿✿✿

गीतों की लय जानने के लिए यूट्यूब चैनल "सृजन Trupti Mishra" को सब्सक्राइब करें।

14. जगदंबा झूला झूलो मेरी माय

अनेक पौराणिक प्रसंगों को लोकगीतों में बड़े ही सुंदर ढंग से प्रस्तुत किया गया है। इसमें एक प्रसंग जिसमें बालिका रूपी देवी मैया झूला झूल रही हैं और लंगूरा यानी हनुमान उन्हें झूला झुला रहे हैं। जिसमें झूले की इतनी ऊँची पींगें हैं कि वह आकाश और पाताल तक जा रहा है।

अचानक तेज झूले से मैया का हार टूट जाता है और वह अपने हार को गूँथवाने पटवा की दुकान पर जाती हैं।

मैया का तेज देख पटवा का लड़का थर-थर काँपने लगता है कि मैया यहाँ क्या करने आई हैं, क्या मुझसे कोई गलती हो गयी।

इस पर मैया कहती हैं -

तुम जनि (नहीं) कांपो पटवा का बचवा, मैं तो यहाँ सबको निवारने आयी हूँ और वह उनकी सोने के थाल कपूर की बाती से पूजा करता है।

उत्तर प्रदेश की मिश्रित भाषा का यह गीत अनेक अपभ्रंशों से युक्त है। जैसा सुनती आयी हूँ वैसा ही प्रस्तुत कर रही हूँ:-

जगदंबा झूला झूलो मेरी माय
जगदंबा झूला झूलो मेरी माय

पहिला झूला दियो मैया लंगूरा
झूला गयै आकास हो माय मैया
झूला गयै आकास हो माय

जगदंबा झूला झूलो मेरी माय

दूसरा झूला दियो मैया लंगूरा
झूला गयै पाताल हो माय मैया
झूला गयै पाताल हो माय

जगदंबा झूला झूलो मेरी माय

तीसरा झूला दियो लांगुरिया
टूटा गले का हार हो माय मैया
टूटा गले का हार हो माय

जगदंबा झूला झूलो मेरी माय

हरवा गुंथावन गई जगदम्बे
गई पटवा की दुकान हो माय मैया
गई पटवा की दुकान हो माय

जगदंबा झूला झूलो मेरी माय

थर-थर काँपै पटवा का बचवा
कहाँ सरर देवी आयी हो माय मैया
कहाँ सरर देवी आयी हो माय

जगदंबा झूला झूलो मेरी माय

तुम जनि(नहीं) काँपो पटवा का बचवा
रच्छा करन देवी आई हो माय मैया
रच्छा करन देवी आई हो माय

जगदंबा झूला झूलो मेरी माय

तुमको निवाजूँ तोरे बारे (छोटों) को निवाजूँ
सकल निवाजन आई हो माय मैया
सकल निवाजन आई हो माय

जगदंबा झूला झूलो मेरी माय

कंचन थाल कपूर की बाती
जगमग जोत जलाय हो माय मैया
जगमग जोत जलाय हो माय

जगदंबा झूला झूलो मेरी माय
जगदंबा झूला झूलो मेरी माय

"जगदम्बे मात की जय"

✿ ✿ ✿

गीतों की लय जानने के लिए यूट्यूब चैनल "सृजन Trupti Mishra" को सब्सक्राइब करें।

15. मन भाया मन भाया, भवन तेरा मन भाया

किसी भी शुभ कार्य मे देवी के गीत गाये ही जाते हैं। एक अत्यंत पुरातन भक्तिगीत जिसमें भक्तिन को देवी माँ का भवन यानि कि मंदिर भा गया है। उस भवन की महिमा का बखान वह इस गीत के माध्यम से कर रही है।

मन भाया मन भाया, भवन तेरा मन भाया
मन भाया मन भाया, भवन तेरा मन भाया

भवन के भीतर मैया बैठीं, बाहर लंगूरा बिठाया
भवन तेरा मन भाया
मन भाया मन भाया, भवन तेरा मन भाया

भवन के भीतर जोत जलत है, सारा जग चमकाया
भवन तेरा मन भाया
मन भाया मन भाया, भवन तेरा मन भाया

भवन के भीतर होम होत है, सारा जग महकाया
भवन तेरा मन भाया
मन भाया मन भाया, भवन तेरा मन भाया

भवन के भीतर होम होत है, किरपा का रस बरसाया
भवन तेरा मन भाया
मन भाया मन भाया, भवन तेरा मन भाया

भवन के भीतर कन्या जीमत है, भंडारा है कराया
भवन तेरा मन भाया
मन भाया मन भाया, भवन तेरा मन भाया
मन भाया मन भाया, भवन तेरा मन भाया

"बोलो अम्बे मैया की जय"

✿✿✿

गीतों की लय जानने के लिए यूट्यूब चैनल "सृजन **Trupti Mishra**" को सब्सक्राइब करें।

16. गिरिजा पूजन को फुलबाग सिया महारानी आई हैं

हमारे यहाँ लड़की और लड़के के विवाह के लिए अलग-अलग लोकगीत गाये जाते हैं। जिनमें देवी, बन्ना बन्नी, दादरे शामिल हैं।

ऐसे ही बेटी के विवाह में जब गणेश पूजन और खल मिट्टी के लिए कन्या को मंदिर ले जाया जाता है तो उस वक्त का एक लोकगीत प्रस्तुत कर रही हूँ। ये सीता मैया के विवाह के पूर्व गौरा जी के मंदिर में जाकर पूजन करने का प्रसंग हैं और उनकी अनेक सखियाँ भी उनके साथ जाती हैं। भाषा में अनेक अपभ्रंश हैं जैसा सुनती आयी हूँ वैसा प्रस्तुत है:-

गिरिजा पूजन को फुलबाग, सिया महारानी आई हैं
गिरिजा पूजन को फुलबाग, सिया महारानी आई हैं

कोई सखी आगे, कोई सखी पीछे
कोई चलत मरोरा चाल, सिया महारानी आई हैं
गिरिजा पूजन को फुलबाग, सिया महारानी आई हैं

कोई सखी बूढ़ी, कोई बाल अवस्था
कोई कोई आवैं लरकौरी, सिया महारानी आई हैं
गिरिजा पूजन को फुलबाग, सिया महारानी आई हैं

कोई सखी गावै, कोई बजावै
कोई नाच रही बेताल, सिया महारानी आई हैं
गिरिजा पूजन को फुलबाग, सिया महारानी आई हैं

कोई सखी माँगै दसरथ ससुरा, कोई कौसल्या सी सास
सिया महारानी आई हैं
गिरिजा पूजन को फुलबाग, सिया महारानी आई हैं

कोई सखी माँगै, हरि भरि गोदी
लव कुस जैसे लाल, सिया महारानी आई हैं
गिरिजा पूजन को फुलबाग, सिया महारानी आई हैं

कोई सखी मांगै, लछमन देवरा
कोई रामचंद्र भरतार, सिया महारानी आई हैं

गिरिजा पूजन को फुलबाग, सिया महारानी आई हैं
गिरिजा पूजन को फुलबाग, सिया महारानी आई हैं

"बोलो सीता मैया की जय"

✿ ✿ ✿

गीतों की लय जानने के लिए यूट्यूब चैनल **"सृजन Trupti Mishra"** को सब्सक्राइब करें।

17. नौने मढ़ के नौ दरवाजे दरसन कर लै लांगुरिया

जब देवी के गीत गाये जाते हैं तो उसके साथ लंगूरा भी गाये जाते हैं। ऐसा ही एक गीत जिसमें भक्तिन लंगूर को मैया के मठ के नौ द्वार और उनमें विराजित नौ देवियों के दर्शन करा रही है और इन देवियों की महिमा का बखान कर रही है।

भाषा में अपभ्रंश हैं जिससे यह गीत और मधुर बन पड़ा है। गीत के बोले इस प्रकार हैं।

नौने मढ़ (सुंदर य्या अच्छा सा मठ) के नौ दरवाजे
दरसन कर लै लांगुरिया
नौने मढ़ के हैं नौ द्वार
दरसन कर लै लांगुरिया

दरसन कर लै लांगुरिया
दरसन कर लै लांगुरिया
नौने मढ़ के नौ दरवाजे
दरसन कर लै लांगुरिया

पहले द्वार में सैल सुता जी
बैठीं आसन डारै
दूजे द्वार में ब्रह्मचारिणी
कर में वेद सँभारै

नौने मढ़ के नौ दरवाजे
दरसन कर लै लांगुरिया

तीजे द्वार में चन्द्र घंटिका
भाल चंद्रमा धारै
उधर विस्वकर्मा कुसमांडा
बैठी चौथे द्वारे

नौने मढ़ के नौ दरवाजे
दरसन कर लै लांगुरिया

पांचवें द्वार में स्कंदमाता
अद्भुत रूप निहारै
छठे द्वार में कात्यायिनी माँ
आरती देव उतारै

नौने मढ़ के नौ दरवाजे
दरसन कर लै लांगुरिया

सातवें द्वार में कालरात्रि माँ
महाकाल संहारै
आठ द्वार में महागौरी
अखिल विश्व विस्तारै

नौने मढ़ के नौ दरवाजे
दरसन कर लै लांगुरिया

नवें द्वार में सिद्धि दानी
सुमिरो सांझ -सका रै
इन सब नौ बेहनन के द्वारे
अपनो माथा डारै

नौने मढ़ के नौ दरवाजे
दरसन कर लै लांगुरिया

"जय माता दी"

✿ ✿ ✿

गीतों की लय जानने के लिए यूट्यूब चैनल "सृजन **Trupti Mishra**" को सब्सक्राइब करें।

18. जय अम्बे माँ जय दुर्गे माँ जन जन को लुभाने वाली है

हमारी संस्कृति में देवी के गीत बहुतायत से गाये जाते हैं। कोई भी मंगल कार्य देवी के गीतों के बिना पूरा नहीं होता।

आज एक ऐसा ही अत्यंत पुरातन देवी भजन जिसमें देवी के विभिन्न रूपों की महिमा का वर्णन किया गया है। गीत के बोल इस प्रकार हैं:-

जय अम्बे माँ जय दुर्गे माँ, जन जन को लुभाने वाली है
जय अम्बे माँ जय दुर्गे माँ, जन जन को लुभाने वाली है

अन्नपूर्णा बनी सुहाना स्वरूप
भण्डारों को भरने वाली है
जय अम्बे माँ जय दुर्गे माँ, जन जन को लुभाने वाली है

बिजासन बनी पहाड़ों बसी
पलना को झुलाने वाली है
जय अम्बे माँ जय दुर्गे माँ, जन जन को लुभाने वाली है

दुर्गा बनी शेरों चढ़ी
जन रक्षा कराने वाली है
जय अम्बे माँ जय दुर्गे माँ, जन जन को लुभाने वाली है

अम्बे बनी जगदम्बे बनी
जग जननी कहाने वाली है
जय अम्बे माँ जय दुर्गे माँ, जन जन को लुभाने वाली है

काली बनी खप्पर लिया
दुष्टों को मिटाने वाली है
जय अम्बे माँ जय दुर्गे माँ, जन जन को लुभाने वाली है

दुःख हरती सुख देती
शक्ति को बढ़ाने वाली है
जय अम्बे माँ जय दुर्गे माँ, जन जन को लुभाने वाली है

नौ दिन के नौ तेरे रूप
वरदानों को देने वाली है
जय अम्बे माँ जय दुर्गे माँ, जन जन को लुभाने वाली है

✿ ✿ ✿

गीतों की लय जानने के लिए यूट्यूब चैनल "सृजन Trupti Mishra" को सब्सक्राइब करें।

19. भवन रंगीला माँ का शेर पीला पीला है

देवी के भक्ति गीतों की श्रृंखला में इस गीत में देवी के पीले रंग की सार्थकता का वर्णन है कि कैसे देवी के अनेक रूपों ने पीले रंग की चुनरिया ओढ़ी और अपने भरतारों का मन मोह लिया एवं कैसे विभिन्न भगवानों ने पीले रंग के वस्त्र धारण किये हैं।

गीत के बोल इस प्रकार हैं:-

भवन रंगीला माँ का, शेर पीला पीला है।
शेर पीला पीला माँ का, शेर पीला पीला है

राधा जी ने ओढ़ी चुनर, कान्हा के मन डोला रे
राधा जी के कान्हा को, पीताम्बर पीला पीला है

भवन रंगीला माँ का, शेर पीला पीला है।

सीता जी ने ओढ़ी चूनर, राम जी का मन डोला रे
सीता जी के राम का, पीताम्बर पीला पीला है

भवन रंगीला माँ का, शेर पीला पीला है।

लक्ष्मी जी ने ओढ़ी चूनर, विष्णु का मन डोला रे
लक्ष्मी जी के विष्णु का, पीताम्बर पीला पीला है

भवन रंगीला माँ का, शेर पीला पीला है।

ब्राह्मणी ने ओढ़ी चूनर, ब्रह्मा का मन डोला रे
ब्राह्मणी के ब्रह्मा का, पीताम्बर पीला पीला है

भवन रंगीला माँ का, शेर पीला पीला है।

गौरा जी ने ओढ़ी चूनर, शंकर का मन डोला रे
गौरा जी के शंकर का, बाघम्बर पीला पीला है

भवन रंगीला माँ का, शेर पीला पीला है।

कन्याओं ने ओढ़ी चूनर, लंगूर का मन डोला रे
मैया जी के भक्तों का, भक्तों का दुशाला पीला पीला है

भवन रंगीला माँ का, शेर पीला पीला है।

✿ ✿ ✿

गीतों की लय जानने के लिए यूट्यूब चैनल "सृजन Trupti Mishra" को सब्सक्राइब करें।

20. तू ही आजो रे गोपाल म्हाने लेवा तू ही आजो

मालवा की माटी लोक संस्कृति से सराबोर है। कुछ-कुछ राजस्थानी भाषा की तरह, मालवा के अंचलों की बोली है, मालवी। मालवी भाषा में अनेक लोकगीत यहाँ के स्थानीय लोगों में गाए जाते हैं। यह लोक गीत मालवी ही भाषा का गीत है जिसमें बेटी को मायके जाना है। जैसा कि रिवाज है कि जब बेटी की विदाई ससुराल से होती है तो उसे भाई लेने आता है।

इसी बात को लेकर बेटी ये गीत गा रही है और उसे लेने श्री कृष्ण को बुलाती है। साथ ही कहती है, जरूरी नहीं कि, भगवान कृष्ण लावा लश्कर के साथ आयें, वो तो बस, अपने तुलसी दल, पीताम्बर और राधा रुक्मणि के साथ ही मुझे लिवाने आएं।

मालवी भाषा में भी हिंदी के अनेक अपभ्रंशों का प्रयोग होता है, पर इन्हीं शब्दों से यह भाषा अत्यंत मीठी बन पड़ी है। गीत जैसा सुनती आयी हूँ वैसा ही प्रस्तुत है:-

तू ही आजो रे गोपाल
म्हाने लेवा तू ही आजो
तू ही आजो रे घनश्याम
म्हाने लेवा तू ही आजो

हाथी मती लाजो
घोड़ा मती लाजो
लाजो लाजो रे
पालकी सजाय
म्हाने लेवा तू ही आजो

तू ही आजो रे गोपाल
म्हाने लेवा तू ही आजो

लाडू मती लाजो
पेड़ा मती लाजो
लाजो लाजो रे
तुलसी रो पात
म्हाने लेवा तू ही आजो

तू ही आजो रे गोपाल
म्हाने लेवा तू ही आजो

सालो मती लाजो
दुसालो मती लाजो
लाजो लाजो रे
पीताम्बरी साथ
म्हाने लेवा तू ही आजो

तू ही आजो रे गोपाल
म्हाने लेवा तू ही आजो

सगे मती लाजो
संबंधी मती लाजो
लाजो लाजो रे
राधा रुकमनी साथ
म्हारे लेवा तू ही आजो

तू ही आजो रे गोपाल
म्हाने लेवा तू ही आजो

अमावस मती आजो
पुन्नम मती आजो
आजो आजो रे
ग्यारस के साथ
म्हारे लेवा तू ही आजो

तू ही आजो रे गोपाल
म्हाने लेवा तू ही आजो

सुबह मती आजो
शाम मती आजो
आजो आजो रे प्रभाती काल
म्हाने लेवा तू ही आजो

तू ही आजो रे गोपाल
म्हाने लेवा तू ही आजो

"गिरधर गोपाल की जय"

✿ ✿ ✿

गीतों की लय जानने के लिए यूट्यूब चैनल "सृजन Trupti Mishra" को सब्सक्राइब करें।

21. या रिम झिम करती भीलणी कठि ने चाली रे

एक बहुत सुंदर प्रसंग है। जिसमें गौरा जी एक अपूर्व सुंदरी भीलनी का रूप धारण करके, कैलाश पर्वत पर शिव जी के समक्ष जाती हैं और इतने सुंदर रूप को देख शंकर जी उस पर आसक्त हो जाते हैं और उसे उनके ही पास रहने को कहते हैं। इस तरह शिव जी का मन उस भीलनी पर डोल जाता है और भीलनी उनके साथ रहने के लिए मना करती है, शिव उसे तरह तरह से मनाने की कोशिश करते हैं। अंत में पार्वती जी अपने असली रुप में आती हैं और बहुत हँसती हैं तब शिव जी भी शरमा जाते हैं।

मालवी भाषा मे लिखा गया ये लोकगीत संवादों के तारतम्य से शुरू से अंत तक जिज्ञासा बनाये रखता है। भाषा में अनेक अपभ्रंश हैं जैसा सुनती आयी हूँ वैसा ही प्रस्तुत कर रही हूँ:-

या रिम झिम करती भीलणी कठि ने चाली रे
या रिम झिम करती भीलणी, कठि ने चाली रे
सिव बैठ्या केलास पर, वठि ने चाली रे
या रिम झिम करती भीलणी, कठि ने चाली रे

संकर भोला जमा के गोला
बैठ्या था प्रभु ध्यान में
रिमझिम रिमझिम पायल की
झनकार पड़ी जब कान में
देख के रूप रह गया दंग वा
सुध बुध खो डाली रे
या रिम झिम करती भीलणी कठि ने चाली रे

संकर बोला सुनो भीलणी
आओ पास हमारे जी
इस तन मन की बने तू मलिका
हम हैं दास तुम्हारे जी
तीन लोक की आज बना दूँ
तुमको रानी रे
या रिम झिम करती भीलणी कठि ने चाली रे

बोली भीलणी सुनी सदासिव
भँवर भील म्हारे घर मे रे
तन्ने मार के मने ले जावे
हँसी होय घर घर में रे
बैठ प्रभु का ध्यान लगाओ
तुम दे ताली रे
या रिम झिम करती भीलणी कठि ने चाली रे

बोले सिव जी सुनो भीलणी
तू भी मत डर मन में रे
जटा जूट में तन्ने छुपा लूँ
मालूम पड़सी कन्नड रे
कोई बात का डर मत करजो
मे रखवालो रे
या रिम झिम करती भीलणी कठि ने चाली रे

थारा तो घर में गोरा पारबती
जटा में गंगा बेठी रे
अपना हक वा क्यों छोड़े
महादेव मने क्यों देती रे
नित की होय लड़ाई घर में
थारी म्हारी रे
या रिम झिम करती भीलणी कठि ने चाली रे

पारबती को पीयर भेज दूँ
सुन ले भीलणी राणी रे
गंगा थारी करे चाकरी
तू घर की महारानी रे
ओर जो संका होवे मन में
देयूँ निकाली रे
या रिम झिम करती भीलणी कठि ने चाली रे

बेल देख के में डरूँ सदासिव
सिंह देख डरना रे
पाँवा तो मैं कदि ना चाली
साँची सौ को ठाया रे
बोले सिव जी सुनो भीलणी
बेठो पीठ हमारी रे
या रिम झिम करती भीलणी कठि ने चाली रे

महादेव के बचन को सुनकर
भीलणी ने माया टारी रे
सामे खड़ी हँसे गोवरजा
संकर भी मुस्काये रे
संभु हो तम बने जो छलिया
अबकी बार हमारी रे
या रिम झिम करती भीलणी कठि ने चाली रे

✿ ✿ ✿

गीतों की लय जानने के लिए यूट्यूब चैनल "सृजन Trupti Mishra" को सब्सक्राइब करें।

22. लांगुरिया एड़ी में धमक लगे पायल की

मान्यता है देवी के गीत जब तक "लंगूरा" ना गाया जाए संपूर्ण नहीं माने जाते। लंगूरा से तात्पर्य भगवान हनुमान जी के गीतों से है और इन गीतों में लंगूर या हनुमान का जिक्र आता है।

जैसे यह गीत में भक्तिन और उसका परिवार ऊँचे पहाड़ पर बने भवन में देवी के दर्शन को जा रही है। पर भारी पायल होने से उसे दर्द हो रहा है। इसी बात पर वह गीत गाती है और अपने परिवार के सदस्यों द्वारा देवी के लिए अनेक उपहार ले जाने की बात करती है। अंत में अपने साहेब यानी कि पति के लिए कहती है कि वो उसके छोटे से पुत्र को गोदी में लिए गए हैं।

उत्तरभारतीय भाषा में लिखा गया यह गीत अपने राग और लय से अत्यंत मधुर लगता है और ढोलक में कहरवा की थाप के साथ अद्भुत आनंद की अनुभूति कराता है। गीत के बोल इस प्रकार हैं:-

मोसे भवन चढ़ा ना जाए
लांगुरिया एड़ी में धमक लगे पायल की

मोरे ससुर गए देवी दरसन को
लिए ध्वजा नारियल हाथ
लांगुरिया एड़ी में धमक लगे पायल की

मोसे भवन चढ़ा ना जाए
लांगुरिया एड़ी में धमक लगे पायल की

मोरे जेठ गए देवी दरसन को
लिए चटक चुनरिया लाल
लांगुरिया एड़ी में धमक लगे पायल की

मोसे भवन चढ़ा ना जाए
लांगुरिया एड़ी में धमक लगे पायल की

मोरे देवर गए देवी दरसन को
लिए हाथ चमेली को हार
लांगुरिया एड़ी में धमक लगे पायल की

मोसे भवन चढ़ा ना जाए
लांगुरिया एड़ी में धमक लगे पायल की

मोरे साहेब गए देवी दर्शन को
लिए गोदी का ललना हाथ
लांगुरिया एड़ी में धमक लगे पायल की

मोसे भवन चढ़ा ना जाए
लांगुरिया एड़ी में धमक लगे पायल की

✿ ✿ ✿

गीतों की लय जानने के लिए यूट्यूब चैनल "सृजन Trupti Mishra" को सब्सक्राइब करें।

23. आना पवन कुमार, हमारे हरी कीर्तन में

एक अत्यंत सुंदर भजन, जिसमें भक्त द्वारा उसके कीर्तन में पवन कुमार के आवाह्न के साथ और भी अनेक देवताओं के आने का निमंत्रण है।

गीत के बोल इस प्रकार हैं।

आना पवन कुमार, हमारे हरी कीर्तन में
आना पवन कुमार, हमारे हरी कीर्तन में
लाना जनक दुलार, हमारे हरी कीर्तन में
आना पवन कुमार, हमारे हरी कीर्तन में

भरत जी को लाना, लक्ष्मण जी को लाना
लाना सब परिवार, हमारे हरी कीर्तन में
आना पवन कुमार, हमारे हरी कीर्तन में

शंकर जी को लाना, नारद जी को लाना
लाना पार्वती का लाल, हमारे हरी कीर्तन में
आना पवन कुमार, हमारे हरी कीर्तन में

ब्रह्मा जी को लाना, विष्णु जी को लाना
नौ देवी लाना साथ, हमारे हरी कीर्तन में
आना पवन कुमार, हमारे हरी कीर्तन में

कृष्ण जी को लाना, राधा जी को लाना
लाना नंद के ग्वाल, हमारे हरी कीर्तन में
आना पवन कुमार, हमारे हरी कीर्तन में

आप भी आना, संग भैरव जी को लाना
प्रेतराज लाना साथ, हमारे हरी कीर्तन में
आना पवन कुमार, हमारे हरी कीर्तन में

सुमति को लाना, कुमति को हटाना
करना बेड़ा पार, हमारे हरी कीर्तन में
आना पवन कुमार, हमारे हरी कीर्तन में

हम भक्तों पर, कृपा कर के सुन लो
नाथ हमारी पुकार, हमारे हरी कीर्तन में
आना पवन कुमार, हमारे हरी कीर्तन में

"बोल पवन पुत्र हनुमान की जय"

✿ ✿ ✿

गीतों की लय जानने के लिए यूट्यूब चैनल "सृजन Trupti Mishra" को सब्सक्राइब करें।

24. मेरे भईय्या घर भतीजे का ब्याह लांगुरिया

जब भी देवी के गीत गाये जाते हैं, तो उसके बाद लंगूरा या हनुमान गाये जाते हैं। इन गीतों में भक्तिन अपनी व्यथा लंगूर से कहती है। अपने मन के राज कहकर अपना मन हल्का करती है।

ऐसा ही एक अत्यंत सुंदर गीत है, जिसमें भक्तिन के भाई के घर भतीजे का ब्याह है और उसे हाथ भर भर चूड़ियाँ पहननी हैं। पर उसकी सास, देवरानी, जेठानी और ननद, किसी को भी पसंद नहीं आता। वह यह शिकायत लंगूर से करती है और कहती है चाहे जो हो, चूड़ियाँ तो वह जरूर पहनेगी।

ताल कहरवा पर अपनी सुमधुर लय के कारण एक गीत को सुनने में बड़ा आनंद आता है। गीत के बोल इस प्रकार हैं:-

मेरे भईय्या घर भतीजे का ब्याह
लांगुरिया चूड़ियां तो भर भर पहनूंगी

मेरे ससुर कहें, बहू पहनो चूड़ियां
मेरी सास बड़ी रिसियाय
लांगुरिया चूड़ियाँ तो भर भर पहनूँगी
मेरे भईय्या घर भतीजे का ब्याह
लांगुरिया चूड़ियां तो भर भर पहनूंगी

मेरे जेठ कहें, बहू पहनो चूड़ियाँ
मेरी जेठानी रहीं गर्राए
लांगुरिया चूड़ियाँ तो भर भर पहनूँगी
मेरे भईय्या घर भतीजे का ब्याह
लांगुरिया चूड़ियां तो भर भर पहनूंगी

मेरे देवर कहें, भाभी पहनों चूड़ियाँ
मेरी देवरानी खड़ी खिसियाये
लांगुरिया चूड़ियाँ तो भर भर पहनूँगी
मेरे भईय्या घर भतीजे का ब्याह
लांगुरिया चूड़ियां तो भर भर पहनूंगी

मेरे नंदोई कहें, सरहज पहनो चूड़ियाँ
मेरी ननद रही धमकाये
लांगुरिया चूड़ियाँ तो भर भर पहनूँगी
मेरे भईय्या घर भतीजे का ब्याह
लांगुरिया चूड़ियां तो भर भर पहनूंगी

मेरे साहेब कहें, रानी पहनों चूड़ियाँ
मैं तो पहनूँगी भर भर हाथ
लांगुरिया चूड़ियाँ तो भर भर पहनूँगी
मेरे भईय्या घर भतीजे का ब्याह
लांगुरिया चूड़ियां तो भर भर पहनूंगी

✿ ✿ ✿

गीतों की लय जानने के लिए यूट्यूब चैनल "सृजन **Trupti Mishra**" को सब्सक्राइब करें।

25. मक्का बो दई बारा बीघा में भई न मुठिया

ऐसी मान्यता है कि देवी के गीतों के साथ लंगूरा या हनुमान जब तक ना गाया जाए, तो देवी के गीत अधूरे माने जाते हैं। लंगूरा से तात्पर्य, इन गीतों में लंगूर से अपने मन की व्यथा कही जाती है। उससे मदद मांगी जाती है। एक अत्यंत रोचक गीत है। जिसमें भक्तिन अपना दुखड़ा कह रही है कि, उसके बारह बीघा जमीन में मक्का बोई है और चिड़ियां उसे खाये जा रहीं है और पूरा परिवार घोड़े बेचकर सो रहा है किसी को चिंता नहीं है एवं उस बेचारी को लंगूरा के साथ लट्ठ ले लेकर चिड़िया भगाने के लिए दौड़ना पड़ रहा है। खेत के चक्कर लगाने पड़ रहे हैं।

उत्तर भारतीय अपभ्रंशों की मिश्रित भाषा मे लिखा यह गीत इसके लय और ताल कहरवा पर अत्यंत आनन्द की अनुभूति कराता है। गीत के बोल निम्नानुसार हैं:-

मक्का बो दई बारा बीघा में, भई न मुठिया
भई न मुठिया हो भई न मुठिया
हो मक्का बो दई बारा बीघा में, भई न मुठिया

सास बेचारी घर मे सोवैं, लै ले तकिया
मैं और लंगूरा खेत में डोलै, लै ले लठिया
हो मक्का बो दई बारा बीघा में
भई न मुठिया

जेठ जिठानी घर मे सोवैं, लै ले तकिया
मैं और लंगूरा खेत में डोलै, लै ले लठिया
हो मक्का बो दई बारा बीघा में
भई न मुठिया

देवर देवरानी घर में सोवैं, लै ले तकिया
मैं और लंगूरा खेत में डोलै, लै ले लठिया
हो मक्का बो दई बारा बीघा में
भई न मुठिया

ननद ननदोई घर में सौवें, लै ले तकिया
मैं और लंगूरा खेत में डोलै, लै ले लठिया

हो मक्का बो दई बारा बीघा में, भई न मुठिया
भई न मुठिया हो भई न मुठिया
मक्का बो दई बारा बीघा में
भई न मुठिया

✿✿✿

गीतों की लय जानने के लिए यूट्यूब चैनल "सृजन **Trupti Mishra**" को सब्सक्राइब करें।

26. देख सखी इक बाला जोगी, द्वार हमारे आया है

एक बड़ा ही सुंदर प्रसंग है। ये प्रसंग भगवान कृष्ण के जन्म का है। जब श्री कृष्ण का जन्म हुआ तो उनके मोहक रूप को देखने के लिए देवताओं में होड़ सी लग गई और सब भांति-भांति के रूप बना नन्हे गोपाल से मिलने आने लगे। ऐसे में भगवान शिव ने भी उनके मनमोहक रूप की ख्याति सुनी और वो भी एक साधु के वेश में यशोदा के द्वार पर जा पहुंचे। एक ग्वालिन ने अंदर जाकर नंदरानी को बताया कि द्वार पर एक जटाधारी साधु आया है और हमारे कान्हा को देखने की इच्छा रखता है।

जटाधारी का स्वरूप देख नन्हे कान्हा डर गए और छुप गए। घर के बाहर से बालक को देखने की टेर लगा शिव जी उनकी एक झलक पाने को उत्सुक थे।

मैया यशोदा थाल भर मोती ले आईं, बोलीं, "हे साधु बाबा! ये मोती लो और जाओ। मेरा लाल तुम्हे देखकर डर गया है।" इसपर साधु का रूप धरे शिव जी बोले, "हे देवी, मेरा भंडार भरा है, मुझे तो बस तेरे लाल के दर्शन की लालसा है।"

इस पर यशोदा मैया आँचल में छुपाकर नन्हे कान्हा को लेकर आती हैं और साधु का रूप धरे शंकर उनकी तीन परिक्रमा करते हैं और अपना सिंघी नाद बजाते हैं।

भक्तिन कहती है कि "हे यशोदा मैया! तू धन्य है, तेरा लाल अद्‌भुत है जो तीन लोक का पालनहारी स्वयं भू शिव शंकर खुद तेरे द्वार चलकर आये हैं।"

इस पूरी घटना को जिस सुंदर गीत में पिरोया गया है वह इस प्रकार है।

देख सखी इक बाला जोगी, द्वार हमारे आया है
देख सखी इक बाला जोगी, द्वार हमारे आया है

गढ़ परबत से चला दिगम्बर, गोकुल नगरी आया है
तेरे लाल के दर्शन कारण, जोगी ने अलख जगाया है

देख सखी
देख सखी इक बाला जोगी
द्वार हमारे आया है

इतना सुनकर आई यशोदा, भर मुतियन की थाला रे
लेओ बाबा भिक्षा जाओ आसन पे, मेरा लाल डराया है

देख सखी
देख सखी इक बाला जोगी
द्वार हमारे आया है

ना चहिये तेरे हीरे मोती, बहुत भरा भंडारा है
तेरे लाल के दर्शन कारण, जोगी ने अलख जगाया है

देख सखी
देख सखी इक बाला जोगी
द्वार हमारे आया है

लै बालक नंदरानी आई, करै आँचल की छाया रे
तीन बार परिकम्मा दीन्हीं, सिंघी नाद बजाया है

देख सखी
देख सखी इक बाला जोगी
द्वार हमारे आया है

धन्य यशोदा तेरे भाग्य को, ऐसा लालन पाया है
तीन लोक का पालनहारी, द्वार तिहरे आया है

देख सखी
देख सखी इक बाला जोगी
द्वार हमारे आया है

"बोल बाल गोपाल की जय"

✿ ✿ ✿

गीतों की लय जानने के लिए यूट्यूब चैनल "सृजन Trupti Mishra" को सब्सक्राइब करें।

27. लगे री दोई नैना, राधे श्याम से लगे

यह गीत राधा कृष्ण की स्तुति कहता है। भक्तिन के नैना राधे श्याम से लग गए हैं और उसे हर चीज में श्याम ही श्याम दिखते हैं।

उत्तर प्रदेश की मिश्रित भाषा में लिखा गया यह गीत श्री कृष्ण के सर्वत्र वर्चस्व का बखान करता है और भक्तिन के श्रीकृष्ण के प्रति अटूट भक्ति को दर्शाता है। भाषा में अपभ्रंश हैं। जैसा सुनती आयी हूँ वैसे ही प्रस्तुत कर रही हूँ गीत के बोल निम्नलिखित हैं:-

लगे री दोई नैना, राधे श्याम से लगे
लगे री दोई नैना, राधे श्याम से लगे

जल बिच कमल, कमल बिच कलियाँ
कलियों में श्याम दिखे, दिखे री दोई नैना
राधे श्याम से लगे
लगे री दोई नैना, राधे श्याम से लगे

जल बिच सीप, सीप बिच मोती
मोती में श्याम हँसे, हँसे री दोई नैना
राधे श्याम से लगे
लगे री दोई नैना, राधे श्याम से लगे

जल बिच मढ़ई, मढ़ई बिच पीपल
उसकी पूजा करे, करे री दोई नैना
राधे श्याम से लगे
लगे री दोई नैना, राधे श्याम से लगे

ऊंची अटरिया, चंदन किवड़िया
उसपे पलँगा बिछे, बिछे री दोई नैना
राधे श्याम से लगे
लगे री दोई नैना, राधे श्याम से लगे

उस पर सोवे, नवल राधिका
ऊपर चँवर ढुले, ढुले री दोई नैना
राधे श्याम से लगे
लगे री दोई नैना, राधे श्याम से लगे

रात का सपना, सुनो मोरी सजनी
सपने में श्याम दिखे, दिखे री दोई नैना
राधे श्याम से लगे
लगे री दोई नैना, राधे श्याम से लगे

✿✿✿

गीतों की लय जानने के लिए यूट्यूब चैनल "सृजन Trupti Mishra" को सब्सक्राइब करें।

28. नारायण दीन दयालु रे, भज मन राधे गोविंदा

भक्ति गीतों में कई कथाओं को, कई प्रसंगों को बड़े ही सुंदर ढंग से एक गीत के रूप ढाला गया है।

ऐसे ही एक घटना कजली वन की है जहाँ एक हाथी को प्यास लगती है और वह जमुना जी का पानी पीने के लिए जाता है। भीषण गर्मी में शीतल जल के स्पर्श से हाथी प्रसन्न हो जल में उतर जाता है लेकिन तभी उसे एक "ग्राह" यानी घड़ियाल आकर दबोच लेता है, वह धीरे-धीरे हाथी को खींचकर पूरा जल में ले जाता है और हाथी की सूंड तिल भर को बाहर रह जाती है।

तभी हाथी को हरिनाम याद आता है वह ईश्वर का स्मरण करता है तब गरुड़ की सवारी छोड़ कर भगवान पैदल दौड़ते हुए आते हैं और सुदर्शन चक्र से घड़ियाल का अंत करते हैं और हाथी उससे मुक्ति पाता है।

गीत में प्रयुक्त अपभ्रंश इस गीत को और मधुर बनाते हैं। इस तरह अत्यंत सुंदर इस गीत के बोल निम्नलिखित हैं:-

नारायण दीन दयालु रे
भज मन राधे गोविंदा
नारायण दीन दयालु रे
भज मन राधे गोविंदा

गज को प्यास कजलीबन
जल जमुना उर धायो रे
भज मन राधे गोविंदा

नारायण दीन दयालु रे
भज मन राधे गोविंदा

पीबत पीबत जल में धँस गयो
ग्राह ने आन दबायो रे
भज मन राधे गोविंदा

नारायण दीन दयालु रे
भज मन राधे गोविंदा

गज और ग्रह लड़े जल भीतर
लड़त लड़त गज हारयो रे
भज मन राधे गोविंदा

नारायण दीन दयालु रे
भज मन राधे गोविंदा

तिल भर सूँड रही जब ऊपर
तब हरि नाम पुकारयो रे
भज मन राधे गोविंदा

नारायण दीन दयालु रे
भज मन राधे गोविंदा

गज की टेर सुनी रघुनंदन
गरुड़ छोड़ पग धायो रे
भज मन राधे गोविंदा

नारायण दीन दयालु रे
भज मन राधे गोविंदा

सुदरसन चक्र चलायो हरि ने
ग्राह को फंद छुडायो रे
भज मन राधे गोविंदा

नारायण दीन दयालु रे
भज मन राधे गोविंदा

✿ ✿ ✿

गीतों की लय जानने के लिए यूट्यूब चैनल "सृजन Trupti Mishra" को सब्सक्राइब करें।

29. तेरी बिगड़ी बना देगी, चरणरज श्यामा प्यारी की

श्रीकृष्ण का नाम राधा के बिना नहीं लिया जाता और कहा जाता है कि अगर आपने राधा को प्रसन्न कर लिया तो श्रीकृष्ण अपने आप ही प्रसन्न हो जाते हैं। यह भक्ति गीत राधा रानी का ही स्तुतिगान है जिसमें भक्तिन कहती है कि श्यामा प्यारी यानी कि राधा जी की चरण रज मिल जाये तो जीवन मे सारे बिगड़े काम बन जाएंगे।

गीत के बोल निम्नलिखित हैं:-

तेरी बिगड़ी बना देगी
चरणरज श्यामा प्यारी की
तेरी बिगड़ी बना देगी
चरणरज श्यामा प्यारी की

तू बस एक बार मस्तक से, लगाकर देख ले इसको
सोई किस्मत जगा देगी, चरणरज श्यामा प्यारी की

तेरी बिगड़ी बना देगी
चरणरज श्यामा प्यारी की

दुखों के घोर बादल हों, या लाखों आँधियाँ आएं
तुझे सबसे बचा लेगी, चरणरज श्यामा प्यारी की

तेरी बिगड़ी बना देगी
चरणरज श्यामा प्यारी की

तेरे जीवन के अंधियारे, में बनकर रोशनी तुझको
नया रास्ता दिखा देगी, चरणरज श्यामा प्यारी की

तेरी बिगड़ी बना देगी
चरणरज श्यामा प्यारी की

ये संबंध सब तेरे, तुझे मझधार छोड़ेंगे
किनारा तुझको दे देगी, चरणरज श्यामा प्यारी की

तेरी बिगड़ी बना देगी
चरणरज श्यामा प्यारी की

"राधे राधे"

✿ ✿ ✿

गीतों की लय जानने के लिए यूट्यूब चैनल "सृजन Trupti Mishra" को सब्सक्राइब करें।

30. माखन की चोरी नंदलाल करें

लोक गीतों में राधा कृष्ण के प्रेम के वर्णन के लिए अनेक बड़े मधुर गीत लिखे गए हैं जिनमें राधा कृष्ण की लीलाओं का बड़ा सुंदर वर्णन किया गया है।

यह गीत, राधा के प्रति कृष्ण की आसक्ति और उन्हें कैसे तंग किया जाए इसकी कहानी कहता है। राधा जी कहीं भी जाएं, कुछ भी करें हर जगह कन्हैया पहुँच जाते हैं और उनके हर काम को बिगाड़ते हैं, उन्हें खिजाते हैं, बेमतलब तकरार करते हैं ताकि वह राधा का ध्यान अपनी ओर आकर्षित कर सकें।

इसके साथ ही इस गीत की खासियत है कि इसमें श्री कृष्ण के भिन्न-भिन्न नामो की स्तुति एक साथ ही हो जाती है।

गीत के बोल इस प्रकार हैं।

माखन की चोरी नंदलाल करें
राधा रानी से कुंज प्यार करें
माखन की चोरी नंदलाल करें
राधा रानी से मोहन प्यार करें

पनिया भरन को राधा गयीं थीं
पनिया भरन को राधा गयीं थीं
गगरी को लेके तकरार करें
राधा रानी से केशव प्यार करें
अरे पानी को लेके तकरार करें
राधा रानी से श्याम प्यार करें

माखन की चोरी नंदलाल करें
राधा रानी से मोहन प्यार करें

गैय्या दुहन को राधा गयीं थीं
गैय्या दुहन को राधा गयीं थीं
बछिया को लेके तकरार करें
राधा रानी से निरंजन प्यार करें
अरे दुधवा को लेके तकरार करें
राधा रानी से मनोहर प्यार करें

माखन की चोरी नंदलाल करें
राधा रानी से मोहन प्यार करें

माखन बेचन को राधा गयीं थीं
माखन बेचन को राधा गयीं थीं
मटकी को लेके तकरार करें
राधा रानी से मुरली प्यार करें
अरे ग्वालन को लेके तकरार करें
राधा रानी से किसना प्यार करें

माखन की चोरी नंदलाल करें
राधा रानी से मोहन प्यार करें

जमुना के तट पर राधा गयीं थीं
जमुना के तट पर राधा गयीं थीं
वस्त्रों को लेके तकरार करें
राधा रानी से गोविंद प्यार करें
अरे रास को लेके तकरार करें
राधा रानी को हरि प्यार करें

माखन की चोरी नंदलाल करें
राधा रानी से मदन प्यार करें
माखन की चोरी नंदलाल करें
राधा रानी से निर्गुण प्यार करें
माखन की चोरी नंद लाल करें
राधा रानी से मोहन प्यार करें

"बोलो बाँके बिहारी की जय"

✿ ✿ ✿

31. किशोरी राधा झूलन लागी रे

कृष्ण और राधा के ऊपर अनेक लोकगीत बने हैं, इनमें से कई गीतों में राधा कृष्ण की भक्ति होती है, कई गीतों में राधा कृष्ण की नोक-झोंक और कई में इनके सौन्दर्य का अनुपम वर्णन होता है।

पर आज का गीत श्री कृष्ण का ना होते हुए सिर्फ राधा रानी के सौंदर्य का वर्णन करता है।

किशोर वय राधिका के अभूतपूर्व सौंदर्य का वर्णन करते इस गीत में जब बादल बरसने लगते हैं, तो किशोरी राधिका झूला झूलने जाती हैं और उनके आभूषण ऐसे खनक रहे हैं जैसे सप्त सुरों की ताल।

उत्तर प्रदेश की मिश्रित भाषा में लिखा गया यह गीत अनेक शाब्दिक अपभ्रंशों से युक्त है। जैसा सुनती आयी हूँ वैसा ही प्रस्तुत कर रही हूँ।

बदरिया बरसन लागी रे, किशोरी राधा झूलन लागी रे
बदरिया बरसन लागी रे, किशोरी प्यारी झूलन लागी रे

कदम की डार सौं फूर झरत हैं, मोर पपीहा शोर करत हैं
कोयलिया प्यारी कूकन लागी रे, किशोरी प्यारी झूलन लागी रे

बदरिया बरसन लागी रे
किशोरी राधा झूलन लागी रे

आभूषन अंग अंग पे सोहत, सप्त सुरन की गति है लागत
पायलिया प्यारी छमछम बाजी रे, किशोरी प्यारी झूलन लागी रे

बदरिया बरसन लागी रे
किशोरी राधा झूलन लागी रे

सखियाँ गा रई गीत सुहाने, जमना मचले छोड़ मुहाने
बंसुरिया बाजन लागी रे, किशोरी प्यारी नाचन लागी रे

बदरिया बरसन लागी रे
किशोरी राधा झूलन लागी रे

नारायण जय हो श्री राधे, टेर लगाऊँ बृज गलियन में
नजर मोरी चरनन लागी रे, किशोरी प्यारी झूलन लागी रे

बदरिया बरसन लागी रे
किशोरी राधा झूलन लागी रे

"राधे राधे"

✿ ✿ ✿

गीतों की लय जानने के लिए यूट्यूब चैनल "सृजन Trupti Mishra" को सब्सक्राइब करें।

32. काहे मारी स्याम कांकरिया

राधा कृष्ण के गीतों के तारतम्य में फिर एक बहुत ही मधुर गीत प्रस्तुत है।

श्री कृष्ण द्वारा राधा का ध्यान आकर्षित करने के लिए तरह-तरह की लीलाएं की जाती थीं। एक बार मोहन ने राधा की गगरिया फोड़ दी इस पर राधा बहुत क्रोधित हुईं और उन्हें खरी-खोटी सुनाने लगीं। इसी प्रसंग को लेकर यह गीत है।

उत्तर प्रदेश की मिश्रित भाषा में लिखे गए इस गीत में अनेक अपभ्रंश हैं। जैसा सुनती आयी हूँ वैसा प्रस्तुत कर रही हूँ:-

काहे मारी स्याम कांकरिया
मेरी फूट गई नई नई गगरिया

मैं तो पनिया भरन को आई, काहे छेड़े नार पराई
काहे सिर से उतारी चुनरिया, मेरी फूट गई नई नई गगरिया

काहे मारी स्याम कांकरिया
मेरी फूट गई नई नई गगरिया

छोड़ो छोड़ो डगरिया हमारी, झकझोरो ना बहिया हमारी
काहे धर के मरोरी कलैया, मेरी फूट गई नई नई गगरिया

काहे मारी स्याम कांकरिया
मेरी फूट गई नई नई गगरिया

गलियन में नाम धरावै, तोहे एक लाज नहीं आवै
हँस हँस के चलाये नजरिया, मेरी फूट गयी नई नई गगरिया

काहे मारी स्याम कांकरिया
मेरी फूट गई नई नई गगरिया

काहे पीछे पीछे डोलै, प्यारी प्यारी का बोलै
मन लूट लिया बीच बजरिया, मेरी फूट गयी नई नई गगरिया

काहे मारी स्याम कांकरिया
मेरी फूट गई नई नई गगरिया

सखियों के प्रिय सावरिया, तेरी बैरिन ये बाँसुरिया
मोहे कर के ना जाए बावरिया, मेरी फूट गई नई नई गगरिया

काहे मारी स्याम कांकरिया
मेरी फूट गई नई नई गगरिया

✿ ✿ ✿

गीतों की लय जानने के लिए यूट्यूब चैनल "सृजन Trupti Mishra" को सब्सक्राइब करें।

33. बाँके बिहारी की देख छटा, देख छटा

लोकगीतों में कृष्ण आराधना के भजनों की लंबी फेरहिस्त हैं, जिसमें श्री कृष्ण के रूप सौंदर्य लीलाओं का बखान किया गया है।

ऐसा ही एक गीत जिसमें कृष्ण के मोहक रूप का वर्णन है और भक्तिन का मन उस रूप पर डावांडोल हो गया है और वह उनका पता पाना चाहती है। मिश्रित बुंदेलखंडी में लिखे गए इस गीत के बोल इस प्रकार हैं:-

बाँके बिहारी की देख छटा, देख छटा
मेरो मन है गयो, लटा पटा, मेरो मन है गयो लटा पटा

कब से ढूँढ रही है अँखियाँ
कब से ढूँढ रही है सखियाँ
हार गयीं अब मेरी अँखियाँ
हार गयीं अब मेरी सखियाँ
कोई तो बता दो उसका पता, उसका पता
मेरो मन है गयो लटा पटा

बाँके बिहारी की देख छटा, देख छटा
मेरो मन है गयो, लटा पटा, मेरो मन है गयो लटा पटा

कुंजन कुंजन सखियाँ डोले
पीहू पीहू पपीहा बोले
कुंजन कुंजन सखियाँ डोले
कुहू कुहू कोयलिया बोले

घिर घिर आयी सावन की घटा, सावन की घटा
मेरो मन है गयो लटा पटा

बाँके बिहारी की देख छटा, देख छटा
मेरो मन है गयो, लटा पटा, मेरो मन है गयो लटा पटा

मोर मुकुट माथे तिलक विराजे
गल बैजन्ती माला साजे
मोर मुकुट माथे तिलक विराजे
जाकी सुंदर छवि मन भावे
कांधे पे डाले वो पीला पटा, पीला पटा
मेरो मन है गयो लटा पटा

बाँके बिहारी की देख छटा, देख छटा
मेरो मन है गयो, लटा पटा, मेरो मन है गयो लटा पटा

गीतों की लय जानने के लिए यूट्यूब चैनल "सृजन Trupti Mishra" को सब्सक्राइब करें।

34. खेंचे खेंचे रे दु:शासन मेरो चीर

अनेक प्रसंगों को लोकगीतों में पिरोया गया है। यह गीत महाभारत के द्रौपदी चीरहरण का प्रसंग है, जिसमें जब भरी सभा में द्रौपदी का चीर हरण होता है और द्रौपदी श्रीकृष्ण को जिन्हें उन्होंने अपनी बहन माना था, याद करती हैं।

तब भगवान कृष्ण की कृपा से द्रौपदी की साड़ी का पल्ला बढ़ता ही चला जाता है, चीर खींचते खींचते दु:शासन थक जाता है पर साड़ी खत्म नहीं होती।

इस घटना को इस सुंदर गीत के माध्यम से वर्णित किया गया है। गीत के बोल इस प्रकार हैं:-

खेंचे खेंचे रे दु:शासन मेरो चीर
अरज सुन गिरधारी
खेंचे खेंचे रे दु:शासन मेरो चीर
अरज सुन गिरधारी

पाँचों पांडव योद्धा बैठे
बड़े बड़े बलधारी
दुष्ट दु:शासन भरी सभा में
लेवे लाज हमारी
जाये जाये सभा में मेरी लाज
अरज सुन गिरधारी

खेंचे खेंचे रे दु:शासन मेरो चीर
अरज सुन गिरधारी

याद करो उस दिन को मोहन
उंगली कटी तुम्हारी
मैंने अपने सिर से देखो
फाड़ी आधी साड़ी
आवो आवो सावरिया मेरो बीर
अरज सुन गिरधारी

खेंचे खेंचे रे दुःशासन मेरो चीर
अरज सुन गिरधारी

मेरो तो प्रभु कुछ न बिगड़े
होवे हँसी तुम्हारी
भक्तों की जो लाज गयी तो
पहले जाये तुम्हारी
आवो आवो रे बचावो मेरी लाज
अरज सुन गिरधारी

खेंचे खेंचे रे दुःशासन मेरो चीर
अरज सुन गिरधारी

भक्ति भरी जब टेर सुनी तो
जाग उठे गिरधारी
राधा छोड़ी रुकमा छोड़ी छोड़ी गरूढ़ सवारी
आये आये रे बचाने प्रभु लाज
अरज सुन गिरधारी

खेंचे खेंचे रे दुःशासन मेरो चीर
अरज सुन गिरधारी

एसो चीर बढ़ायो प्रभु ने
दुष्ट ना पावें पारी
खींचत खींचत थक्यो दु:शासन
लाज ना जाये वाकी
बढ़ गयो बढ़ गयो
द्रोपद को लंबो चीर
अरज सुन गिरधारी

खेंचे खेंचे रे दु:शासन मेरो चीर
अरज सुन गिरधारी

"बाँके बिहारी की जय"

✿✿✿

गीतों की लय जानने के लिए यूट्यूब चैनल "सृजन **Trupti Mishra**" को सब्सक्राइब करें।

35. लै के चले वसुदेव, कन्हैया जी को लै के चले

अनेक प्रसंगों को लोकगीतों में बड़े ही सुंदर ढंग से पिरोया गया है। जब कृष्ण जन्म कंस की जेल में हुआ और आधी रात को वसुदेव उन्हें नंदगाँव के लिए निकले, तब भयंकर आँधी-तूफान आया हुआ था और जमुना जी हिलौरें ले रहीं थीं।

भगवान के जन्म की खबर जमुना जी को भी थी और वह किसी तरह नन्हे कृष्ण के चरण छूना चाहती थीं।

जब वसुदेव जी को जमुना जी ने रास्ता दिया, उन्होंने नदी पार करना शुरू की। तब तेज हिलौरों के रूप में जमुना जी ने भगवान का वन्दन किया और उनके चरण स्पर्श किये।

इसी प्रसंग का ये अत्यंत पुरातन गीत है। गीत के बोल निम्नलिखित हैं:-

लै के चले वसुदेव, कन्हैया जी को लै के चले

भादों की अंधियारी रतियाँ, जमना बहै जलधार
कन्हैया जी को लैके चले
लै के चले वसुदेव
कन्हैया जी को लै के चले

पहले चरन जब जमना उमड़ी, उठवन लागीं हिलौर
कन्हैया जी को लै के चले
लै के चले वसुदेव
कन्हैया जी को लै के चले

दूसर चरन जब जमना लागीं, करियन (कमर) लागीं हिलौर
कन्हैया जी को लैके चले
लै के चले वसुदेव
कन्हैया जी को लै के चले

तिसर चरन जब जमना लागीं, गरदन लागीं हिलौर
कन्हैया जी को लैके चले
लै के चले वसुदेव
कन्हैया जी को लै के चले

जमना उमड़ी चरन चुमन को, प्रभु के चरन छुए
कन्हैया जी को लैके चले
लै के चले वसुदेव
कन्हैया जी को लै के चले

चरन छुए जब जमना जी ने, उतरन लागीं हिलौर
कन्हैया जी को लैके चले

लै के चले वसुदेव, कन्हैया जी को लै के चले

✿ ✿ ✿

गीतों की लय जानने के लिए यूट्यूब चैनल "सृजन Trupti Mishra" को सब्सक्राइब करें।

36. किसोरी झूलै झूलना झुलावै बनवारी

राध-कृष्ण की लीलाओं पर बड़े ही मधुर लोक गीत लिखे गए हैं। एक ऐसा ही गीत जिसमें श्री कृष्ण राधा जी को झूला झूला रहे हैं। और उनके इस मोहक रूप को देखकर सब ग्वालिनें अपनी सुध-बुध खो रही हैं।

उत्तरप्रदेश की मिश्रित भाषा मे लिखा गया ये गीत अनेक अपभ्रंशों से युक्त है, पर इनकी उपस्थिति इसे और भी माधुर्य प्रदान करती है। जैसा सुनती आयी हूँ वैसे ही प्रस्तुत है।

किसोरी झूलै झूलना झुलावै बनवारी
किसोरी झूलै झूलना झुलावै बनवारी

उमड़ घुमड़ कर छाई बदरिया, चपल चंचला चमकै
नाचौ बन बन मोर कोयलिया, बोलै डारि डारि

किसोरी झूलै झूलना झुलावै बनवारी

रई रई झोंके खात चंद्रिका, बेसर (नथनी) की छबि न्यारी
झुक झुक झौंका देत सांवरा, मुस्काये सुकुमारी

किसोरी झूलै झूलना झुलावै बनवारी

सररर सररर उड़ै चुनरिया, हल्के लट घुंघराली
कटि करधनिया, पग पैजनियाँ, बिछुअन में छबि प्यारी

किसोरी झूलै झूलना झुलावै बनवारी

करि सोला सिंगार फूलन को, मोहित कुंज बिहारी
अपलक निरखत दोउ दोअन को, नैनन नैना डारि

किसोरी झूलै झूलना झुलावै बनवारी

मधुर मधुर धुन बजैं मुरलिया, बाजैं ढोल मंजीरे
गावैं गीत कजरिया सखियाँ, दै ठुमकी दै तारी

किसोरी झूलै झूलना झुलावै बनवारी

अनुपम झांकी होत मिलन की, निसदिन कुंज मजारी
निरखत सखियाँ युगल माधुरी, तन की सुरत बिसारी

किसोरी झूलै झूलना झुलावै बनवारी
किसोरी झूलै झूलना झुलावै बनवारी

✿ ✿ ✿

गीतों की लय जानने के लिए यूट्यूब चैनल "सृजन Trupti Mishra" को सब्सक्राइब करें।

37. नाग नाथन को गए जब गोपाल पानी में

अनेक पौराणिक प्रसंगों को लोकगीतों में पिरोया गया है। यह गीत कालिया मर्दन का प्रसंग है। बाल्यावस्था में श्रीकृष्ण और उनके सखा यमुना किनारे गेंद से खेल रहे होते हैं और वह गेंद उछलकर यमुना जी में चली जाती है।

जहाँ कालिया नाग अपनी पत्नियों के साथ रहा करता था। उसके जहर के कारण उसके आसपास का पानी जहरीला था और उबलता रहता था।

वह अपनी गेंद लेने जाते हैं तब उन्हें नदी की तरफ आता देख नागिनें उन्हें डराती हैं, पर वह डरते नहीं और कालिया नाग से युध्द करते हैं और उसके फन पर नृत्य करने लगते हैं।

कालिया को हारता देख उसकी पत्नियाँ उनसे दया करने की याचना करती हैं। कलिया वहाँ से भाग जाता है और यमुना का पानी शुद्ध हो जाता है।

इसी प्रसंग पर आधारित एक अत्यंत पुराना लोक गीत, जिसके बोल इस प्रकार हैं।

नाग नाथन को गए
जब गोपाल पानी में
वहाँ खड़ी नागन करती
सवाल पानी में

क्यों आया है तू बच्चा
यहाँ मरने के लिए
आग पानी में यहां

आया क्यों जलने के लिए
भाग जा भाग जा रे
सोया काल पानी में
वहाँ खड़ी नागन करती
सवाल पानी में

कृष्ण जी कहने लगे
डरने नहीं आया हूँ यहाँ
वापिस नहीं मैं जाऊंगा
चाहे खड़ा हो काल यहाँ
काल से खेलेगा
यशोदा लाल पानी में
वहाँ खड़ी नागन करती
सवाल पानी में

जरा सा बालक है और
इतनी बहस बजाता है
रो रोकर मर जाएगी
घर में तेरी माता है
चमकता चीर सुंदर
विशाल पानी में
वहाँ खड़ी नागन करती
सवाल पानी में

जगाया जो नाग को
गुस्से में फुफकार उठा
नाग को नाथ कृष्ण ने
हर फन पर नृत्य करा
खड़ी है नागिन
जयमाल लिए पानी में

हुआ मालूम कन्हैया
खड़े हैं पानी में

नाग नाथन को गए
जब गोपाल पानी में
वहाँ खड़ी नागिन
करती सवाल पानी में

"बाल गोपाल की जय"

✿✿✿

गीतों की लय जानने के लिए यूट्यूब चैनल "सृजन Trupti Mishra" को सब्सक्राइब करें।

38. प्रह्लाद हिंय लागी राम रटना

यह लोकगीत हिरण्यकश्यप और भक्त प्रह्लाद प्रसंग पर आधारित है।

हिरण्यकश्यप और प्रह्लाद की कथा सभी को पता है कि दुष्ट असुर हिरण्यकश्यप अपने राज्य में स्वयं की ही पूजा करवाता था। पर उसका स्वयं का पुत्र प्रभु भक्ति में लीन रहता था।

अपने दम्भ में चूर हिरण्यकश्यप ने अपने ही पुत्र को मारने की कोशिश की पर हर बार भगवान ने प्रह्लाद को बचा लिया।

सर्वप्रथम उसने प्रह्लाद को सूप में बैठाकर छोड़ दिया पर सूप जल में तैरता ही रहा।

फिर उसने उसे शुक्राचार्य के गुरुकुल भेज दिया जहाँ हिरण्यकश्यप का ही महिमामंडन पढ़ाया जाता था। पर वहाँ भी प्रह्लाद भगवान भक्ति करते थे, उल्टे वहाँ के अन्य विद्यार्थी प्रभु भक्ति करने लगे। हिरण्यकश्यप की ये चटसाल यानी योजना भी व्यर्थ हो गयी।

उसने गुस्से के मारे प्रह्लाद को कुएं में फेंक दिया पर आधे बीच में ही प्रभु ने उसे झेल लिया और प्रह्लाद को कुछ नहीं हुआ।

इसपर बौखलाए हिरण्यकश्यप ने उन्हे पहाड़ से नीचे फेंक दिया पर वहां भी भगवान ने उन्हें झेल लिया और प्रह्लाद को खरोंच तक नहीं आयी।

फिर हिरण्यकश्यप की बहन होलिका जिसे आग में नहीं जलने का वरदान प्राप्त था, उन्हें गोदी में लेकर अग्नि में बैठ गईं। पर यहाँ होलिका जलकर भस्म हो गयीं और प्रह्लाद सुरक्षित निकले।

अंत में जब उसने प्रह्लाद को मारने के लिए खंबे से बांधा तो नरसिंह अवतार का रूप धरकर प्रभू ने हिरण्यकश्यप का वध कर दिया।

इसी प्रसंग को अत्यंत ही सुंदर गीत में ढाला गया है। उत्तर प्रदेश की मिश्रित भाषा में लिखे गए इस गीत में कई अपभ्रंश हैं। जैसा सुनती आयी हूँ वैसा प्रस्तुत है।

प्रह्लाद हिंय लागी राम रटना
राम रटना रे राम रटना
प्रह्लाद हिंय लागी राम रटना
राम रटना रे राम रटना

लै प्रह्लाद सूपै पौढ़ाए
खसकत सूप हँसे ललना
प्रह्लाद हिंय लागी राम रटना
राम रटना रे राम रटना

लै प्रह्लाद गुरुकुल भेजे
सारी चटसाल (योजना) बिगारी अपना
प्रह्लाद हिंय लागी राम रटना
राम रटना रे राम रटना

लै प्रहलाद कुएं में डारै
अधबीच झेल लियो ललना
प्रह्लाद हिंय लागी राम रटना
राम रटना रे राम रटना

लै प्रह्लाद परबत से डारै
झेल लियो अपने अपना
प्रह्लाद हिंय लागी राम रटना
राम रटना रे राम रटना

लै प्रह्लाद होलिका बैठीं
जरबर भसम भयीं अपना
प्रह्लाद हिंय लागी राम रटना
राम रटना रे राम रटना

लै प्रह्लाद खंबा बंधाये
नरसिंह रूप धरै अपना
प्रह्लाद हिंय लागी राम रटना
राम रटना रे राम रटना
प्रह्लाद हिंय लागी राम रटना
राम रटना रे राम रटना

"बोलो नरसिंह भगवान की जय"

✿ ✿ ✿

गीतों की लय जानने के लिए यूट्यूब चैनल "सृजन **Trupti Mishra**" को सब्सक्राइब करें।

39. सुन मैया तेरो ऐसो री कन्हैया

लोकगीतों में कृष्ण का अपना अलग ही स्थान है। कृष्ण की अलग अलग लीलाओं पर अनेक लोकगीत लिखे गए हैं।

आज का लोकगीत एक गोपिका का दुखड़ा है क्योंकि कृष्ण जी उसे बहुत तंग करते हैं और वह यशोदा मैया से कृष्ण की शिकायत करती है।

गीत के बोल इस प्रकार हैं:-

सुन मैया तेरो ऐसो री कन्हैया
ऐसो री कन्हैया मैया ऐसो री कन्हैया

भाभी भाभी बोले
घूँघट मेरो खोले
देखे री मोहे भर भर नजरिया

सुन मैया तेरो ऐसो री कन्हैया

आगे पीछे डोले
डगर मोरी रोके
कंकर से मोरी फोड़े री गगरिया

सुन मैया तेरो ऐसो री कन्हैया

जमना किनारे
मोहन धीरे-धीरे
पीछे से मोरी खींचें री चुनरिया

सुन मैया तेरो ऐसो री कन्हैया

ग्वाल संग नाचे
गोप संग नाचे
नाचे री संग ब्रज की गुजरिया

सुन मैया तेरो ऐसो री कन्हैया

डाल गल बहिया
नचाये ता ता थैया
नाचे री संग राधा गुजरिया

सुन मैया तेरो ऐसो री कन्हैया
सुन मैया तेरो ऐसो री कन्हैया

✿ ✿ ✿

गीतों की लय जानने के लिए यूट्यूब चैनल "सृजन Trupti Mishra" को सब्सक्राइब करें।

40. जब जन्मे श्री भगवान जेल दरम्यान

अनेक पौराणिक प्रसंगों को लोकगीतों के माध्यम से बड़े ही सुंदर ढंग से अभिव्यक्त किया गया है।

जब कृष्ण ने जन्म लिया तो देवकी माता को पहले ही स्वप्न आ गया था कि इस पुत्र को नंदगाँव पहुँचाना होगा और वहाँ से यशोदा की पुत्री को यहाँ कारावास में लाना होगा।

आधी रात को जब श्री कृष्ण जन्मे तब चमत्कारिक रूप से कारावास से द्वार खुल गए और वसुदेव उन्हें टोकरी में रख भयंकर आँधी-तूफान में लेकर गोकुल के लिए निकले।

जमुना जी ने पहले कृष्ण के पग पखारे, फिर अपनी हिलौरें कम कर के रास्ता बनाया और अंधियारी रात में गोकुल पहुँच कर, भगवान श्री कृष्ण यशोदा के लालन के रूप में पले-बढ़े।

इस सुंदर प्रसंग को अत्यंत सुंदर गीत में ढाला गया है।

गीत के बोल निम्नलिखित हैं:-

जब जन्मे श्री भगवान जेल दरम्यान
मुरलिया वाले
खुल गए जेल के ताले

देवकी ने पति को जगाया था
सपने का हाल सुनाया था
ले जाओ पुत्र, यशोदा के करो हवाले
खुल गए जेल के ताले

जब जन्मे श्री भगवान जेल दरम्यान
मुरलिया वाले
खुल गए जेल के ताले

वसुदेव बड़े हैं अगाड़ी को
लेकर पहुँचे थे मुरारी को
यमुना तट पहुंचे
यमुना भरे हिलोरे
खुल गए जेल के ताले

जब जन्मे श्री भगवान जेल दरम्यान
मुरलिया वाले
खुल गए जेल के ताले

वसुदेव जरा घबराए थे
कान्हा ने चरण छुआए थे
छुए चरण यमुना ने
घट गए किनारे
खुल गए जेल के ताले

जब जन्मे श्री भगवान जेल दरम्यान
मुरलिया वाले
खुल गए जेल के ताले

वसुदेव ने भेद ना जाना
प्रभु तो अंतर्यामी थे
यशोदा के लालन बने
मुरलिया वाले
खुल गए जेल के ताले

जब जन्मे श्री भगवान जेल दरम्यान
मुरलिया वाले
खुल गए जेल के ताले

गोकुल में बजी बधाई थी
मथुरा में खुशी मनाई थी
पड़ गए कंस मामा की
जान के लाले
खुल गए जेल के ताले

जब जन्मे श्री भगवान जेल दरम्यान
मुरलिया वाले
खुल गए जेल के ताले

✿ ✿ ✿

गीतों की लय जानने के लिए यूट्यूब चैनल "सृजन Trupti Mishra" को सब्सक्राइब करें।

41. सुन लो यशोदा माई हो, नहीं माने कन्हाई

कृष्ण की लीलाओं के लोकगीत अद्भुत हैं। ऐसा ही एक गीत जिसमें यशोदा मैया से गोपिका श्री कृष्ण की ढेरों शिकायत कर रही है साथ ही कह रही है कि कान्हा बंसी की ऐसी तान छेड़े हैं कि सब की सुध-बुध बिसर जाती है।

भाषा में प्रयुक्त अपभ्रंश इस गीत को और भी मधुर और कर्णप्रिय बनाते हैं। जैसा सुनती आयी हूँ वैसा प्रस्तुत है।

सुन लो यशोदा माई हो, नहीं माने कन्हाई
सुन लो यशोदा माई हो, नहीं माने कन्हाई

जमना के तट पे, मोहे पनघट पे
छेड़त है हरजाई हो, नहीं माने कन्हाई

सुन लो यशोदा माई हो, नहीं माने कन्हाई

बीच बजरिया, मोरी गगरिया
फोड़त लाज ना आई हो, नहीं माने कन्हाई

सुन लो यशोदा माई हो, नहीं माने कन्हाई

संग संग डोले, घूँघट मोरा खोले
देखत लोग लुगाई हो, नहीं माने कन्हाई

सुन लो यशोदा माई हो, नहीं माने कन्हाई

मीठो मीठो बोले, माखन मोरा ढोले
राम ही पार लगाई हो, नहीं माने कन्हाई

सुन लो यशोदा माई हो, नहीं माने कन्हाई

प्यारी प्यारी बंसी, बजावे गिरधारी
चेतन सुध बिसराई हो, नहीं माने कन्हाई

सुन लो यशोदा माई हो, नहीं माने कन्हाई
सुन लो यशोदा माई हो, नहीं माने कन्हाई

"बोलो बंसी वाले की जय"

✿ ✿ ✿

गीतों की लय जानने के लिए यूट्यूब चैनल "सृजन Trupti Mishra" को सब्सक्राइब करें।

42. कैकयी तूने जुलम कर डाला

एक अत्यंत भावुक गीत है जो एक भक्तिन की व्यथा कहता है कि कैकयी ने बहुत बड़ा जुल्म किया है और उसके श्री राम को वनवास भेज दिया।

अपनी मनः स्थिति इस गीत के माध्यम से वह व्यक्त कर रही है और कैसे हर किसी पर इस वनवास का असर हुआ उसे बताती है और अंत में भगवान राम की वापसी पर अयोध्या के उत्सव का भी बखान करती है।

उत्तर प्रदेश की मिश्रित भाषा में लिखे गए इस गीत में अनेक अपभ्रंश हैं जैसा सुनती आयी हूं वैसा ही प्रस्तुत कर रही हूँ।

कैकयी तूने जुलम कर डाला
बन को भेजे लछमन राम
कैकयी तूने जुलम कर डाला
बन को भेजे लछमन राम

आगे आगे राम चलत हैं
पीछे लछमन भाई
उनके पीछे चलत जानकी
शोभा बरनी ना जाई

कैकयी तूने जुलम कर डाला
बन को भेजे लछमन राम

राम बिना मोरी सूनी अयोध्या
लछमन बिन ठकुराई
सीता बिना मोरी सुनी रसोइया
कौन करे चतुराई

कैकयी तूने जुलम कर डाला
बन को भेजे लछमन राम

सावन गरजैं भादों बरसैं
पवन चलैं पुरवाई
कौन बिरज में भीगत हुई हैं
राम लखन दोउ भाई

कैकयी तूने जुलम कर डाला
बन को भेजे लछमन राम

भीतर रोये मात कौसल्या
बाहिर भारत भाई
राजा दसरथ ने प्राण तजे हैं
कैकयी मन पछताय

कैकयी तूने जुलम कर डाला
बन को भेजे लछमन राम

लंका जीत राम घर आये
घर घर बजत बधाई
मात कौसल्या करत आरती
शोभा बरनी न जाई

कैकयी तूने जुलम कर डाला
बन को भेजे लछमन राम

"बोलो सिया वर राम चन्द्र की जय"

✿ ✿ ✿

गीतों की लय जानने के लिए यूट्यूब चैनल "सृजन Trupti Mishra" को सब्सक्राइब करें।

43. सीता राम सीता राम बोलो मन में

भगवान श्री राम सा कोई हो न सका और सरकार द्वारा लंबे समय बाद रामायण के प्रसारण का निर्णय निश्चित ही हमारी संस्कृति के प्रति अज्ञानी होती जा रही युवा पीढ़ी के लिए एक बेहतरीन अवसर है कि, वो हमारे स्वर्णिम इतिहास को जान सकेंगे।

मजे की बात तो ये है कि ज्यादातर युवा आज भी इसे देखने को तैयार नहीं हैं, पर हमारी पीढ़ी या बुजुर्ग जो रामायण के दीवाने हैं, जबरदस्ती पकड़ कर उन्हें ये दिखाना चाहते हैं, इसी तरह जबरदस्ती ही सही कुछ न कुछ तो युवा देख ही रहे हैं और सीख रहे हैं।

इसी अवसर पर आज मैं भी राम की स्तुति का एक भजन लेकर आई हूँ।

राम के इस भजन में सीता-राम की स्तुति से सारे सुख पाने की बात की गई है। राम के गुणों का बखान किया गया है।

गीत के बोल निम्न लिखित हैं:-

सीता राम सीता राम
बोलो मन में
जो सुख चाहो जीवन में
सीता राम सीता राम
बोलो मन में
जो सुख चाहो जीवन में

राम लक्ष्मण भरत शत्रुघ्न
भरत शत्रुघ्न
खेलें दशरथ के आँगन में
जो सुख चाहो जीवन में

सीता राम सीता राम
बोलो मन में
जो सुख चाहो जीवन में

मारी तड़िका तारी अहिल्या
तारी अहिल्या
धनुष को तोड़ जनकपूर में
जो सुख चाहो जीवन में
सीता राम सीता राम
बोलो मन में
जो सुख चाहो जीवन में

शबरी के बेर सुदामा के तांदूळ
सुदामा के तांदूळ
रुचि रुचि भोग लगायो मन में
जो सुख चाहो जीवन में
सीता राम सीता राम
बोलो मन में
जो सुख चाहो जीवन में

कैकयी ने यह वचन उचारा
वचन उचारा
चौदह बरस राम बन में
जो सुख चाहो जीवन में
सीता राम सीता राम
बोलो मन में
जो सुख चाहो जीवन में

ऋषि मुनियों को सुख उपजाया
सुख उपजाया

तुलसी कृत रामायण में
जो सुख चाहो जीवन में
सीता राम सीता राम
बोलो मन में
जो सुख चाहो जीवन में

लंका जीत राम घर आये
राम घर आये
घर घर दीप अयोध्या में
जो सुख चाहो जीवन में
सीता राम सीता राम
बोलो मन में
जो सुख चाहो जीवन में

"जय श्री राम"

✿✿✿

गीतों की लय जानने के लिए यूट्यूब चैनल "सृजन **Trupti Mishra**" को सब्सक्राइब करें।

44. कंचन का हिरन

लोकगीतों में अनेक प्रसंगों को समेटा गया है। आज का लोकगीत रामायण के स्वर्ण मृग का प्रसंग है जब मारीच सोने के हिरण का रूप धर कर आता है और सीता मैया उस ओर मोहित होकर श्री राम से उसकी स्वर्ण मृगछाल लाने को कहती हैं। जंगल में मृग श्री राम के बाण से लक्ष्मण का नाम लेकर मृत्यु को प्राप्त होता है और सीता जी को लगता है श्रीराम किसी विपत्ति में हैं।

इन्हीं संवादों का अत्यंत सुंदर वर्णन इस मधुर गीत में किया गया है। भाषा में अपभ्रंश हैं। जैसा सुनती आयी हूँ वैसा ही प्रस्तुत है:-

यह कंचन का हिरन नाथ
हमें लागत प्यारा हैं
यह कंचन का हिरन नाथ
हमें लागत प्यारा हैं

सिर से पैरों तक है सोना
इसकी खाल हमें ला देना
दीन बंधु भगवान सुनो
अरज हमारी है

यह कंचन का हिरन नाथ
हमें लागत प्यारा है

उठै राम तरकस सब जानि
हाथ में लिया बाण राम ने
धनुष सम्भाला है

यह कंचन का हिरन नाथ
हमें लागत प्यारा है

मारा बान लगा तन उसके
लै लछिमन का नाम हिरन
बैकुंठ सिधारा है

यह कंचन का हिरन नाथ
हमें लागत प्यारा है

सीता बोली देवर लछिमन
तुम्हरे भाई पर बिपत पड़ी
कुछ करो सहारा रै

यह कंचन का हिरन नाथ
हमें लागत प्यारा है

लछिमन बोलै मात जानकी
तीन लोक के नाथ उन्हें
कोउ मारन हारा है

यह कंचन का हिरन नाथ
हमें लागत प्यारा है
यह कंचन का हिरन नाथ
हमें लागत प्यारा है

"सिया वर रामचन्द्र की जय"

✿ ✿ ✿

गीतों की लय जानने के लिए यूट्यूब चैनल "सृजन Trupti Mishra" को सब्सक्राइब करें।

45. सिया बनी दुलहिन दूल्हा रघुराई

विवाह गीतों में एक अत्यंत पुरातन लोकगीत गाया जाता है, जिसमें सीता और राम के विवाह का अत्यंत सुंदर वर्णन है।

उत्तरप्रदेश की मिश्रित भाषा में लिखा गया यह गीत अनेक अपभ्रंशों से युक्त है पर इनकी उपस्थिति इसे और भी कर्ण प्रिय बना देती है। जैसा सुनती आयी हूँ वैसा ही प्रस्तुत है:-

सिया बनी दुलहिन, दूल्हा रघुराई
सिया बनी दुलहिन, दूल्हा रघुराई

की के सोहे पीला पीताम्बर
की की चुनरी से गाँठ लगाई

राम के सोहे पीला पीताम्बर
सिया जी की चुनरी से गाँठ लगाई

सिया बनी दुलहिन, दूल्हा रघुराई

की के सिर पर मोर मुकुट है
की की मुतियन माँग भराई

राम के सिर पर मोर मुकुट है
सिया जी की चुनरी से माँग भराई

मढ़ई के नीचे नावनिया झगडै
देओ राजा दसरथ हमरी बिदाई

हँस मुस्काये राजा दसरथ बोलें
चलो अवध पुर हरवा गढ़ाई

अरे कौसल्या, कैकयी सुमित्रा
इन तीनों में तुम्हें रानी बनाई

सिया बनी दुलहिन, दूल्हा रघुराई

राम सिया की होत भंवरिया
अरे राम सिया की होत भंवरिया
जिनकी सोभा बरनी न जाई

सिया बनी दुलहिन, दूल्हा रघुराई
सिया बनी दुलहिन, दूल्हा रघुराई

✿ ✿ ✿

गीतों की लय जानने के लिए यूट्यूब चैनल "सृजन **Trupti Mishra**" को सब्सक्राइब करें।

46. जटा में गंगा जी विहार करें

लोकगीतों में त्रिपुरारी शम्भु शंकर के गीतों में उनके साधुरूप, गले के सर्प, नंदी अन्य गण, डमरू आदि की बड़ी ही सुंदर व्याख्या की गई है।

आज का गीत भी महादेव जी के अनुपम रूप का बखान करता है। गीत की लय ताल कहरवा पर बड़ी मधुर बन पड़ती है। जैसा सुनती आयी हूँ वैसा ही प्रस्तुत है:-

जटा में गंगा जी विहार करें
भक्तों का बेड़ा शिवजी पार करें
जटा में गंगा जी विहार करें
भक्तों का बेड़ा शिवजी पार करें

बैठे हैं शम्भू भभूति रमाय, गले में सर्पों का हार सजाय
मस्तक पे चंदा उजियार करें, भक्तों का बेड़ा शिवजी पार करें

जटा में गंगा जी विहार करें
भक्तों का बेड़ा शिवजी पार करें

कांधे पे सोहे जनेऊ सुंदर, ओढ़े है शंकर जी बाघम्बर
भाँग धतूरे का आहार करें, भक्तों का बेड़ा शिवजी पार करें

जटा में गंगा जी विहार करें
भक्तों का बेड़ा शिवजी पार करें

नंदी गण तो सोहत ऐसे, सागर बीच कमल हैं जैसे
डमरू मधुर झनकार करें, भक्तों का बेड़ा शिवजी पार करें

जटा में गंगा जी विहार करें
भक्तों का बेड़ा शिवजी पार करें

कहें भक्तजन बम बम भोले, निर्मल होये उनके चोले
दर्शन जो इक बार करें, भक्तों का बेड़ा शिवजी पार करें

जटा में गंगा जी विहार करें
भक्तों का बेड़ा शिवजी पार करें

✿ ✿ ✿

गीतों की लय जानने के लिए यूट्यूब चैनल "सृजन **Trupti Mishra**" को सब्सक्राइब करें।

47. किशोरी राधे रखियो लाज हमारी

राधा-कृष्ण की भक्ति पर अनेक लोकगीत हैं। एक ऐसा ही गीत जिसमें भक्तिन द्वारा राधा-कृष्ण के सौन्दर्य का वर्णन है, साथ ही वह अपने को उनकी शरण मे लेने की विनती भी कर रही है। गीत के बोल इस प्रकार हैं:-

रखियो लाज हमारी
किशोरी राधे रखियो लाज हमारी

नन्द बाबा के कुँवर कन्हैया
तुम वृषभान दुलारी
किशोरी राधे रखियो लाज हमारी

श्याम तो ओढ़ें पीला पीताम्बर
तुम नीलाम्बर साड़ी
किशोरी राधे रखियो लाज हमारी

राधेश्याम मनोहर जोड़ी
बार-बार बलिहारी
किशोरी राधे रखियो लाज हमारी

चेतन युगल चरण में लीजो
आयो शरण तिहारी
किशोरी राधे रखियो लाज हमारी

रखियो लाज हमारी
किशोरी राधे रखियो लाज हमारी

"राधे राधे"

✿ ✿ ✿

गीतों की लय जानने के लिए यूट्यूब चैनल "सृजन **Trupti Mishra**" को सब्सक्राइब करें।

48. मैं सुनी रे बधैय्या बाजी

हर शुभ अवसर पर मंगल गीतों के साथ बधाई गीत भी गाये जाते हैं। अलग-अलग अवसर पर अलग-अलग बधाई, बच्चा होने की अलग, शादी ब्याह की अलग।

एक अत्यंत पुराना लोकगीत जो एक विवाह गीत है और जहाँ बहन-बेटियाँ भी सब घर में आई हुई हैं और नाच-गाना चल रहा है।

ननद अपनी भाभियों से नेग मांगती हैं। पर भाभियाँ कहती हैं कि, तुम कितना भी नाचो-कूदो। तुम्हारे भैया तो घर पर हैं ही नहीं, हम नेग कहाँ से दें?

तब ननद भाभी के कंगनों की तरफ इशारा करती है कि नेग तो हम लेकर रहेंगे।

इस पर भाभी कहती है ये तो मेरे बाप के गढ़ाए हैं, इन्हें मैं ना दूंगी।

तब ननद भी अपना ननद पन दिखाती है और भाभी के बेटे को कहती है, ये मेरे भाई के बच्चे हैं इन्हें छूने भी नहीं दूँगी।

भाभी डर कर कंगन खोल कर ननद को पहनाती है और उसके पैर छूती है और ननद उसके भतीजे को लंबी उम्र का आशीर्वाद देती है और खुशी-खुशी घर जाती है।

अत्यंत सुंदर ननद-भौजाई की नोंक-झोंक को बयान करता ये बधाई गीत, उत्तर प्रदेश की मिश्रित भाषा में लिखा गया है, अनेक अपभ्रंशों से युक्त होते हुए भी अत्यंत मधुर और कर्णप्रिय है। गीत के बोल इस प्रकार हैं:-

बधैय्या बाजी
मैं सुनी रे बधैय्या बाजी
मैं सुनी रे

कौन नगरिया में बाजी बधैय्या
कहाँ भयी सादी
मैं सुनी रे बधैय्या बाजी
मैं सुनी रे

मथुरा नगरिया में बाजी बधैय्या
वृंदावन सादी
मैं सुनी रे बधैय्या बाजी
मैं सुनी रे

नन्ही नन्ही अंगूरी
बरत के बिछिया
ननदिया नाचौ
मैं सुनी रे बधैय्या बाजी
मैं सुनी रे

चाहे नन्दी नाचो
चाहे नंदी कूदो
बीरन घर नाहीं
मैं सुनी रे बधैय्या बाजी
मैं सुनी रे

काहे का भौजी मोरी
हमें बौराओ
सगन हम लैबें
मैं सुनी रे बधैय्या बाजी
मैं सुनी रे

ये कंगना मोरे
बापैं गढ़ाए

कंगन ना देहौं
मैं सुनी रे बधैय्या बाजी
मैं सुनी रे

ये ललना मोरे
भैया के जाये
छुअन ना देहों
मैं सुनी रे बधैय्या बाजी
मैं सुनी रे

कील खोल
कंगना पेहिराये
करै पैलगना
मैं सुनी रे बधैय्या बाजी
मैं सुनी रे

पेहन ओढ़ जब
चल भयीं ननदिया
जिये गोदी ललना
मैं सुनी रे बधैय्या बाजी
मैं सुनी रे
मैं सुनी रे बधैय्या बाजी
मैं सुनी रे

✿ ✿ ✿

गीतों की लय जानने के लिए यूट्यूब चैनल "सृजन **Trupti Mishra**" को सब्सक्राइब करें।

49. ब्रज में बजत बधाई आज हम सुनकर आई

भारतवर्ष की संस्कृति ऐसी है कि हर त्योहार, शादी ब्याह, जन्म, बड़े ही हर्षोउल्लास के साथ मनाया जाता है।

किसी भी शुभ काम में बधाई गीत या सोहर गाये जाते हैं।

आज का लोकगीत बालक के जन्म का बड़ा ही सुंदर बधाई गीत है। जिसमें कृष्ण के जन्म पर गोपी गा रही है कि :-

ब्रज में बजत बधाई
आज हम सुनकर आई
ब्रज में बजत बधाई
आज हम सुनकर आई

पहला सगुन नाउनिया लायी
नगर बुलौआ दे आई
आज हम सुनकर आई

ब्रज में बजत बधाई
आज हम सुनकर आई

दूसरा सगुन कुम्हारिन लायी
कुम्भ कलस लै आई
आज हम सुनकर आई

ब्रज में बजत बधाई
आज हम सुनकर आई

तीसरा सगुन बजाजन लायी
कुर्ता टोपी लै आई
आज हम सुनकर आई

ब्रज में बजत बधाई
आज हम सुनकर आई

चौथा सगुन मलनिया लाई
हार फूल लै आई
आज हम सुनकर आई

ब्रज में बजत बधाई
आज हम सुनकर आई

पाँचवा सगुन तम्बोलिन लाई
पान बिड़ला लै आई
आज हम सुनकर आई

ब्रज में बजत बधाई
आज हम सुनकर आई

छठा सगुन बहुरिया लाई
गोद हौरिल (बालक) लै आई
आज हम सुनकर आई

ब्रज में बजत बधाई
आज हम सुनकर आई
ब्रज में बजत बधाई
आज हम सुनकर आई

"बाल मुकुंद की जय"

✿ ✿ ✿

गीतों की लय जानने के लिए यूट्यूब चैनल "सृजन Trupti Mishra" को सब्सक्राइब करें।

50. महारानी वरदानी, कि धन धन विंध्याचल रानी

विंध्याचल मैया की आराधना में गाया जाने वाला भजन माता के वैभव को दर्शाता है, कि कैसे माता का दरबार वैभव से परिपूर्ण है और सारा जगत उनकी सेवा में लगा हुआ है।

महारानी वरदानी,
कि धन धन विंध्याचल रानी
महारानी वरदानी
कि धन धन विंध्याचल रानी

कि अरी अम्बे पहाड़ के ऊपर
मंदिर बना खासा
जहां जगदम्बे का वासा

कि अरी अम्बे तले बहें गंगा
गंगा निर्मल पानी
नहाए मेरी आध्द ज्योत रानी

कि अरि अम्बे चंदन की चौकी
चौकी में जड़े हीरा
चाब रही पानों के बीड़ा

कि अरि अम्बे, बड़ी तेरी ज्योति
ज्योति का उजियारा
करे बाल बच्चों का रखवारा

कि अरि अम्बे कंकर इक कुईया
कुइयां का शरद पानी,
पिये मेरी आदि ज्योत रानी।

कि अरि अम्बे फूलन के गजरा,
गजरा गुथ लाये माली
पहने मेरी आदि ज्योत रानी

महारानी वरदानी कि धन्य धन्य विंध्याचल रानी।

✿ ✿ ✿

गीतों की लय जानने के लिए यूट्यूब चैनल "सृजन Trupti Mishra" को सब्सक्राइब करें।

51. निम्बिया हिलौरा ले मोरे अंगना

लोकगीतों में देवी के भक्ति गीतों का अपना स्थान है और किसी भी कीर्तन, जगराते या मंगल कार्य में यह बहुतायत से गाये जाते हैं।

यह गीत बिजासन मैया को एक भक्तिन का प्यार भरा निमंत्रण है। भक्तिन कहती है कि, मेरे घर के आंगन में घने नीम की ठंडी बयार है। माँ मेरे घर पधारो।

माँ के स्वागत के लिए उसके परिवार जन ने जो-जो तैयारियाँ की हैं वह भी वो बताती है और माता से आग्रह करती है कि आपके स्वागत के लिए ही मेरे परिवार ने इतना सब कुछ किया है।

हे बिजासन माँ, मेरा निमंत्रण स्वीकार करो और मेरे घर विराजो। गीत के बोल इस प्रकार हैं:-

निम्बिया हिलौरा ले मोरे अंगना
निम्बिया हिलौरा ले
निम्बिया हिलौरा ले मोरे अंगना
निम्बिया हिलौरा ले

हमरे ससुर ने भवन बनाया
बैठो बिजासन माँ मोरे अंगना
निम्बिया हिलौरा ले

निम्बिया हिलौरा ले मोरे अंगना
निम्बिया हिलौरा ले

हमरे जेठ ने भंडारा कराया
जीमो बिजासन माँ मोरे अंगना
निम्बिया हिलौरा ले

निम्बिया हिलौरा ले मोरे अंगना
निम्बिया हिलौरा ले

हमरे देवर ने झारी भराई
पियो बिजासन माँ मोरे अंगना
निम्बिया हिलौरा ले

निम्बिया हिलौरा ले मोरे अंगना
निम्बिया हिलौरा ले

निम्बिया हिलौरा ले मोरे अंगना
निम्बिया हिलौरा ले

हमरे नंदोई ने बगिया लगाई
घूमो बिजासन माँ मोरे अंगना
निम्बिया हिलौरा ले

निम्बिया हिलौरा ले मोरे अंगना
निम्बिया हिलौरा ले

हमरे साहेब ने झूला लगाया
झूलो बिजासन माँ मोरे अंगना
निम्बिया हिलौरा ले

निम्बिया हिलौरा ले मोरे अंगना
निम्बिया हिलौरा ले

✿ ✿ ✿

52. जलती रहे शेरा वाली जोत तेरी जलती रहे

माता के भक्ति गीतों को बहुतायत से गाया जाता है। लोकगीत एक अत्यंत पुरातन गीत है और मैया के वैभव का बखान करता है।

गीत के बोल हैं :-

जलती रहे शेरा वाली, जोत तेरी जलती रहे
जलती रहे शेरा वाली, जोत तेरी जलती रहे

काहे का मैय्या मंदिर बना है
काहे के दरवाजे
जोत तेरी जलती रहे

जलती रहे शेरा वाली
जोत तेरी जलती रहे

सोने का मैया मंदिर बना है
चांदी के दरवाजे
जोत तेरी जलती रहे

जलती रहे शेरा वाली
जोत तेरी जलती रहे

काहे की मैया मूरत बनी है
काहे के घंटाल
जोत तेरी जलती रहे

जलती रहे शेरा वाली
जोत तेरी जलती रहे

अष्टधातु की मैया मूरत बनी है
पीतल के घंटाल
जोत तेरी जलती रहे

जलती रहे शेरा वाली
जोत तेरी जलती रहे

काहे का मैया भरा है कटोरा
काहे का तिलक लगाए
जोत तेरी जलती रहे

जलती रहे शेरा वाली
जोत तेरी जलती रहे

घिस-घिस चन्दन भरा है कटोरा
केसर तिलक लगाए
जोत तेरी जलती रहे

जलती रहे शेरा वाली
जोत तेरी जलती रहे

कैसो है मैया मंदिर को रस्ता
कैसी ध्वजा फहराए
जोत तेरी जलती रहे

जलती रहे शेरा वाली
जोत तेरी जलती रहे

ऊंची-नीची टेढ़ी-मेढ़ी है डगरिया
लाल ध्वजा फहराए
जोत तेरी जलती रहे

जलती रहे शेरा वाली
जोत तेरी जलती रहे

"बोल साँचे दरबार की जय"

✿ ✿ ✿

गीतों की लय जानने के लिए यूट्यूब चैनल "सृजन **Trupti Mishra**" को सब्सक्राइब करें।

53. घर को ही मंदिर बनाऊँगी मेरी सुन लो भवानी

माता और भक्तिन का संबंध माँ-बेटी, सहेली, बड़ी बहन जैसा माना गया है जिनसे वह अपने सारे सुख-दुःख कह लेती है।

ऐसा ही एक गीत जिसमें भोली भक्तिन देवी से एक सखी के रूप में संवाद करती है और कहती है मैं तो अपने घर को ही मंदिर बनाऊंगी और अपने परवारजनों में ही सारे ईश्वर के दर्शन कर लूंगी।

गीत के बोल इस प्रकार हैं:-

घर को ही मंदिर बनाऊँगी, मेरी सुन लो भवानी
घर को ही मंदिर बनाऊँगी, मेरी सुन लो भवानी

अपने ससुर को दशरथ बनाऊँगी, सास कौशल्या बनाऊँगी
मेरी सुन लो भवानी

घर को ही मंदिर बनाऊँगी
मेरी सुन लो भवानी

अपने जेठ को गौरा बनाऊँगी, जेठानी को गौरा बनाऊँगी
मेरी सुन लो भवानी

घर को ही मंदिर बनाऊँगी
मेरी सुन लो भवानी

अपने देवर को लक्ष्मण बनाऊँगी, देवरानी को उर्मिला बनाऊँगी
मेरी सुन लो भवानी

घर को ही मंदिर बनाऊँगी
मेरी सुन लो भवानी

अपने नंदोई को कान्हा बनाऊँगी, राधा ननदिया बनाऊँगी
मेरी सुन लो भवानी

घर को ही मंदिर बनाऊँगी
मेरी सुन लो भवानी

अपने पति को विष्णु बनाऊँगी, खुद लक्ष्मी बन जाऊंगी
मेरी सुन लो भवानी

घर को ही मंदिर बनाऊँगी
मेरी सुन लो भवानी

✿ ✿ ✿

गीतों की लय जानने के लिए यूट्यूब चैनल "सृजन Trupti Mishra" को सब्सक्राइब करें।

54. शेरों पे हो गई सवार, सवार महारानी

देवी के गीतों की बड़ी लंबी फेरहिस्त है। कोई भी मंगल कार्य देवी की स्तुति के बिना पूरा नहीं माना जाता। हर भाषा के लोकगीतों में देवी के गीत बहुतायत में गाये जाते हैं।

एक बड़ा पुराना गीत जिसमें जगतारिणी अपने सातों शेरों के साथ विचरण को निकलती हैं और रास्ते में जो भी उन्हें मिलता है उसपर अपनी कृपा बरसा देती हैं और फिर गहरे कजलीबन में अंतर्ध्यान हो जाती हैं।

कहरवा की थाप पर यह गीत मंत्रमुग्ध कर देता है। गीत के बोल इस प्रकार हैं:-

शेरों पे हो गई सवार
सवार महारानी
शेरों पे हो गई सवार
सवार महारानी

शेरों पे सवार मैया
तालों गयीं थीं
धोबी पे हो गई दयाल
दयाल महारानी

शेरों पे हो गई सवार
सवार महारानी

शेरों पे सवार मैया
बागों गई थीं
माली पे हो गई दयाल
दयाल महारानी

शेरों पे हो गई सवार
सवार महारानी

शेरों पे सवार मैया
मंदिर गई थीं
भक्तों पे हो गई दयाल
दयाल महारानी

शेरों पे हो गई सवार
सवार महारानी

शेरों वे सवार मैया
महलों गई थीं
राजा पे हो गई दयाल
दयाल महारानी

शेरों पे हो गई सवार
सवार महारानी

शेरों पे सवार मैया
वन में गई थीं
वन में हो गई अंतर्ध्यान
सवार महारानी

शेरों पे हो गई सवार
सवार महारानी
शेरों पे हो गई सवार
सवार महारानी

"बोलो अम्बे मात की जय"

✿ ✿ ✿

गीतों की लय जानने के लिए यूट्यूब चैनल "सृजन Trupti Mishra" को सब्सक्राइब करें।

55. सतरंगी साज सजाओ ओ माँ

किसी भी मंगल कार्य को देवी के गीतों के बिना पूरा नहीं समझ जाता। ऐसा ही एक गीत जिसमें सात देवियों के सात रंगों के श्रृंगार का बड़ा ही सुंदर वर्णन है, आज प्रस्तुत कर रही हूँ। गीत के बोल निम्नलिखित है:-

सतरंगी साज सजाओ ओ माँ
मैया सतरंगी
सतरंगी साज सजाओ ओ माँ
मैया सतरंगी

श्वेत बाना पहन भवानी
श्वेत है सिंगार
श्वेत उनके बालों का गजरा
और मंदाकिनी हार
मैया सतरंगी

सतरंगी साज सजाओ ओ माँ
मैया सतरंगी

पीला बाना पहन भवानी
पीला है सिंगार
पीली उनकी नाक नाथनिया
और शेर सवार
मैया सतरंगी
सतरंगी साज सजाओ ओ माँ
मैया सतरंगी

नारंगी बाना पहन भवानी
नारंगी है सिंगार
नारंगी है ध्वजा लहराए
और भोग का कसार
मैया सतरंगी

सतरंगी साज सजाओ ओ माँ
मैया सतरंगी

नीला बाना पहन भवानी
नीला है सिंगार
नीली है तेरी आँखों की ज्योति
नीला व्योम अपार, मैया सतरंगी

सतरंगी साज सजाओ ओ माँ
मैया सतरंगी

हरा बाना पहन भवानी
हरा है सिंगार
हरी उनकी हाथों की चूड़ियां
हरा भरा संसार
मैया सतरंगी

सतरंगी साज सजाओ ओ माँ
मैया सतरंगी

काला बाना पहन भवानी
काला है सिंगार
काली उनकी बालों की लट है
और नैनन के कटार
मैया सतरंगी

सतरंगी साज सजाओ ओ माँ
मैया सतरंगी

लाल बाना पहन भवानी
लाल है सिंगार
लाल उनकी माथे की बिंदिया
और चुनरी की किनार
मैया सतरंगी

सतरंगी साज सजाओ ओ माँ
मैया सतरंगी
सतरंगी साज सजाओ ओ माँ
मैया सतरंगी

"अम्बे मात की जय"

✿ ✿ ✿

गीतों की लय जानने के लिए यूट्यूब चैनल "सृजन Trupti Mishra" को सब्सक्राइब करें।

56. मुसों पे चढ़ के आना रे, गौरी के गजानन

मंगल कार्यों में सबसे पहले श्रीगणेश का स्मरण किया जाता है, उसी तरह मंगल गीतों में सर्वप्रथम गणपति बप्पा का आवाह्न किया जाता है। अत्यंत पुरातन गीत है, जिसमें गणपति जी से निवेदन किया गया है, कि, आप आइए और साथ में सारे देवी देवताओं को भी लेकर आइए। गीत के बोल निम्नानुसार हैं:-

मुसों पे चढ़ के आना रे, गौरी के गजानन
मुसों पे चढ़ के आना रे, गौरी के गजानन

ब्रह्मा को लाना, विष्णु को लाना, लक्ष्मी को संग ले आना रे
गौरी के गजानन
मुसों पे चढ़ के आना रे, गौरी के गजानन

शंकर को लाना, गौरा को लाना, रिद्धि-सिद्धि को संग ले आना रे
गौरी के गजानन
मुसों पे चढ़ के आना रे, गौरी के गजानन

कृष्ण को लाना, राधा को लाना, ग्वालों को संग ले आना रे
गौरी के गजानन
मुसों पे चढ़ के आना रे, गौरी के गजानन

राम को लाना, सीता को लाना, हनुमत को संग ले आना रे
गौरी के गजानन
मुसों पे चढ़ के आना रे, गौरी के गजानन

काली को लाना, अम्बा को लाना, सरस्वती को संग ले आना रे
गौरी के गजानन
मुसों पे चढ़ के आना रे, गौरी के गजानन

चंदा को लाना, सूरज को लाना, तारों को संग ले आना रे
गौरी के गजानन
मुसों पे चढ़ के आना रे, गौरी के गजानन

"गणपति बप्पा मोरया"

✿ ✿ ✿

गीतों की लय जानने के लिए यूट्यूब चैनल "सृजन **Trupti Mishra**" को सब्सक्राइब करें।

57. गुइय्यां कैसो है गिरिजा को सैय्यां

पौराणिक कथाओं में हम ऐसे अनेक प्रसंग पढ़ते हैं कि जब शिव जी की बारात में उनका रूप और उनके साथ आये गणों को नगर वासियों ने देखा तो वे डर गए और तरह-तरह की बातें करने लगे।

इसी तरह जब बारात में गौरा जी की सखियों ने वर को देखा तो आश्चर्य से तरह-तरह की बातें करने लगीं, कि गौरा का कैसा पति है? इसी प्रसंग पर यह गीत लिखा गया है।

मिश्रित भाषा के इस गीत में अपभ्रंशों की उपस्थिति इसे और भी कर्णप्रिय बना देती है और कहरवा की सुंदर ताल पर यह गीत अत्यंत मधुर लगता है।

गीत के बोल हैं:-

गुइय्यां
कैसो है गिरिजा को सैय्यां
झोला डालै
हाय रे झोला डालै
कैसो है गिरिजा को सैय्यां
झोला डालै

आधो है जो गोरो गोरो
आधो है जो कारो
कोहू लगै जो 80 बरस को
कोहू लगै
लरकैय्यां
गुइय्यां
कैसो है गिरिजा को सैय्यां
झोला डालै
हाय रे झोला डालै

ना जाको कोई पता ठिकानों
ना जाको कोई गांव
जहाँ भी जाये ऐसे जाये
बिल्कुल नंगे पाँव
नपनैय्यां
गुइय्यां
कैसो है गिरिजा को सैय्यां
झोला डालै
हाय रे झोला डालै

बन्दर जैसी लै डुगडुगिया
कैसी अजब बजावै
काले नाग गले में डालै
पास ना कोई आवै
लोग लुगैय्यां
गुइय्यां
कैसो है गिरिजा को सैय्यां
झोला डालै
हाय रे झोला डालै

गुड़ी तमाखू सेरों से पीवे
पीवे लोटा भंग
बीस चिलमवा ऐसे पी गयो
चढ़ो ना वाको रंग
का करैय्यां
गुइय्यां
कैसो है गिरिजा को सैय्यां
झोला डालै
हाय रे झोला डालै

तीन सेर की पूरी खा गयो
5 सेर की घुइय्या बड़ा
पकौड़े सब ही खा गयो
खुरमा ढेर सिवईयां
गुइय्यां कैसो है गिरिजा को सैय्यां
झोला डालै
हाय रे झोला डालै

पूरे तन पे राख लपेटे
तिलक लगावै आड़ो
एक लंगोटी पहन के गुइय्यां
दरबाजे पे ठाड़ो गुइय्यां
कैसो है गिरिजा को सैय्यां
झोला डालै हाय रे झोला डालै

"हर हर महादेव"

✿ ✿ ✿

गीतों की लय जानने के लिए यूट्यूब चैनल "सृजन **Trupti Mishra**" को सब्सक्राइब करें।

58. काली मिट्टी के बना दो भोले नाथ

शिव भक्ति के गीतों में आज का गीत बड़ा ही भावपूर्ण है जिसमें भक्तिन किसी पारदया पीतल या नग के गणेश नहीं, अपितु काली मिट्टी के भोलेनाथ बना देने की माँग करती है, कि जल्दी से काली मिट्टी के भोलेनाथ बना दो तो मैं लोटा भर भर जल से उनका अभिषेक करूं और उसके साथ अन्य भगवानों को भी जल चढ़ाऊँ।

गीत के बोल हैं:-

काली मिट्टी के बना दो भोले नाथ
चढ़ाऊँ लोटा जल भर के
काली मिट्टी के बना दो भोले नाथ
चढ़ाऊँ लोटा जल भर के

गंगा को नहलाऊं पहले, जमना को नहलाऊं
सरजू को चढ़ाऊँ दोनों हाथ, चढ़ाऊँ लोटा जल भर के

काली मिट्टी के बना दो भोले नाथ
चढ़ाऊँ लोटा जल भर के

शंकर को चढ़ाऊँ पहले, गौरा को चढ़ाऊँ
गनपत को चढ़ाऊँ दोनो हाथ, चढ़ाऊँ लोटा जल भर के

काली मिट्टी के बना दो भोले नाथ
चढ़ाऊँ लोटा जल भर के

राम को चढ़ाऊँ पहले, सीता को चढ़ाऊँ
हनुमत को चढ़ाऊँ दोनो हाथ, चढ़ाऊँ लोटा जल भर के

काली मिट्टी के बना दो भोले नाथ
चढ़ाऊँ लोटा जल भर के

चंदा को चढ़ाऊँ पहले, तारों को चढ़ाऊँ
सूरज को चढ़ाऊँ दोनो हाथ, चढ़ाऊँ लोटा जल भर के

काली मिट्टी के बना दो भोले नाथ
चढ़ाऊँ लोटा जल भर के

✿✿✿

गीतों की लय जानने के लिए यूट्यूब चैनल "सृजन Trupti Mishra" को सब्सक्राइब करें।

59. प्यारी प्यारी है पूनम की रात रसिया

भक्ति गीतों में शिव भक्ति के गीतों की श्रृंखला में एक पुरातन गीत, जिसमें शिव पार्वती के झूला झूलने का सुंदर वर्णन है। साथ ही अन्य देवी देवताओं की भी स्तुति है। गीत के बोल इस प्रकार हैं:-

प्यारी प्यारी है पूनम की रात रसिया
प्यारी प्यारी है पूनम की रात रसिया
झूला झूले हैं देखो भोलेनाथ रसिया
झूला झूले हैं देखो भोलेनाथ रसिया

कैलास परबत पर
झूला बंधाया
कमल पुष्प कलियों से
इसको सजाया
गौरा मैया हैं
जिनके साथ रसिया
झूला झूले हैं
देखो भोलेनाथ रसिया

प्यारी प्यारी है पूनम की रात रसिया
झूला झूले हैं देखो भोलेनाथ रसिया

कार्तिक भी झूलें
गजानन भी झूलें
सावन के पड़ गए
पचरंगी झूले
झूले झूले
त्रिलोकी के नाथ रसिया

झूला झूले हैं
देखो भोलेनाथ रसिया

प्यारी प्यारी है पूनम की रात रसिया
झूला झूले हैं देखो भोलेनाथ रसिया

ब्रह्मा के संग
विष्णु दर्शन को आये
सभी देवताओं को
मस्तक नमाये
हो रही फूलों की
बरसात रसिया
झूला झूले हैं
देखो भोलेनाथ रसिया

प्यारी प्यारी है पूनम की रात रसिया
झूला झूले हैं देखो भोलेनाथ रसिया

सावन के महीने में
ठंडी हवाएं
गंगा मैया शिव जी को
गीत सुनाएं
झूले भूतों के
संग में जमात रसिया
झूला झूले हैं
देखो भोलेनाथ रसिया
प्यारी प्यारी है पूनम की रात रसिया
झूला झूले हैं देखो भोलेनाथ रसिया

"बोल बम"

✿ ✿ ✿

गीतों की लय जानने के लिए यूट्यूब चैनल "सृजन Trupti Mishra" को सब्सक्राइब करें।

60. बम बाज रही, भोले की चारों दिशा

लोकगीतों में शंकर और उनके प्रेत सेना, भांग-धतूरा का बड़ा सुंदर वर्णन होता है। ऐसा ही एक गीत, जिसमें शिव जी ने धतूरा बोया और गोरा जी ने अनार कलियाँ और गुलाब कलियाँ। फिर क्या हुआ? आइए जानते हैं इस मधुर गीत के माध्यम से जो कहरवा की थाप पर बड़ा आनंद देता है:-

बम बाज रही
भोले की चारों दिशा
बम बाज रही
हो बम बाज रही
भोले की चारों दिशा
बम बाज रही

मेरे भोले ने बोया धतूरा
मेरे भोले ने बोया धतूरा
गौरा रानी ने बोई
अनार कलियाँ हो गुलाब कलियाँ
बम बाज रही

बम बाज रही
भोले की चारों दिशा
बम बाज रही

मेरे भोले ने सींचा धतूरा
गौरा रानी ने सींची
अनार कलियाँ हो गुलाब कलियाँ
बम बाज रही

बम बाज रही
भोले की चारों दिशा
बम बाज रही

मेरे भोले का उगा धतूरा
गौरा रानी की उग गयीं
अनार कलियाँ हो गुलाब कलियाँ
बम बाज रही

बम बाज रही
भोले की चारों दिशा
बम बाज रही

मेरे भोले ने काटा धतूरा
गौरा रानी ने काटीं
अनार कलियाँ हो गुलाब कलियाँ
बम बाज रही

बम बाज रही
भोले की चारों दिशा
बम बाज रही

मेरे भोले ने पीसा धतूरा
गौरा रानी ने पीसीं
अनार कलियाँ हो गुलाब कलियाँ
बम बाज रही

बम बाज रही
भोले की चारों दिशा
बम बाज रही

मेरे भोले को चढ़ गया धतूरा
गौरा रानी को रच गई
अनार कलियाँ हो गुलाब कलियाँ
बम बाज रही

बम बाज रही
भोले की चारों दिशा
बम बाज रही
बम बाज रही
भोले की चारों दिशा
बम बाज रही

✿ ✿ ✿

गीतों की लय जानने के लिए यूट्यूब चैनल "सृजन Trupti Mishra" को सब्सक्राइब करें।

61. इठलाती चली, बलखाती चली, पनिया भरन शिव नार रे

आज का लोकगीत प्रसिद्ध पौराणिक प्रसंग पर आधारित हैं। सबको पता है कि सारे देवताओं ने मिलकर सागर मंथन किया था। पर सागर मंथन हुआ क्यों था? ये गीत उस कारण को कहता है।

एक बार गौरा जी सागर से पानी भरने जातीं हैं और सागर उनके अपार रूप पर मोहित हो जाता है। गौरा जी को वह पूछता है, हे सुंदरी तुम कौन हो? गौरा जी अपने पिता हिमालय और माता मैनावती के बारे में बताती हैं, साथ ही वह कहती हैं कि शिव शंकर उनके पति हैं।

इस पर सागर शंकर भगवान की हँसी उड़ाता है कि, उस जटाजूटधारी के पास क्यों रहती है? उसके पास है ही क्या? क्यों वहाँ अपार कष्ट सहती है? सुंदरी! मेरे पास आकर रह।

इतना सुनकर बड़ी रुआंसी होकर पार्वती जी शंकर भगवान के पास आती हैं और सारा वृतांत सुनाती हैं।

इस पर भगवान शंकर सारे देवताओं के साथ मिलकर शेषनाग की रस्सी बनाकर सागर से चौदह रत्न निकाल लेते हैं।

इस प्रसंग को लेकर ये गीत है।

साथ ही इस गीत की लय के साथ एक रोचक तथ्य मुझे दिखा, अब ये लोकगीत ज्यादा पुराना है, या एक फिल्मी गीत पर इसकी लय है, या उस संगीतकार या गीतकार ने इस गीत को कभी सुना हो। इस बात के लिए मैं आश्वस्त नहीं हूँ कि फिल्म का गीत पहले आया या ये लोकगीत, पर इसकी लय कालजयी गीत "तन डोले मेरा मन डोले मेरे दिल का गया करार रे ये कौन बजाए बंसुरिया (नागिन)" की धुन से काफी मिलती है।

भाषा में अनेक अपभ्रंश हैं जो इस गीत को और मधुर रूप दे देते हैं।

जैसा सुनती आयी हूँ वैसा ही प्रस्तुत है:-

इठलाती चली, बलखाती चली
पनिया भरन शिव नार रे,
सागर में उतारी गागरिया

रूप देखकर सागर बोला
कौन पिता महतारी
कौन देश की रहने वाली
कौन पुरुष घर नारी
रे गौरा कौन पुरुष घर नारी
हौले हौले सागर बोले
क्यों छाया रूप अपार रे
सागर में उतारी गागरिया

इठलाती चली, बलखाती चली
पनिया भरन शिव नार रे,
सागर में उतारी गागरिया

राजा हिमाचल पिता हमारे
मैनावती महातारी
शिव संकर हैं पति हमारे
मैं उनकी घरवाली
रे सागर मैं उनकी घरवाली
जल लै जाऊँ पति नहलाऊं
तू सुन लै बचन हमार रे
सागर में उतारी गागरिया

इठलाती चली, बलखाती चली
पनिया भरन शिव नार रे,
सागर में उतारी गागरिया

सागर बोला छोड़ भोला को
घर घर अलख जगाए
चौदह रतन भरे मेरे घर में
बैठी मौज उड़ाय
पिये भंगिया वो बैरगिया
क्यों सहती कष्ट अपार रे
सागर में उतारी गागरिया

इठलाती चली, बलखाती चली
पनिया भरन शिव नार रे,
सागर में उतारी गागरिया

इतना सुनकर चल दीं गिरजा
झट भोला ढिंग आई
तुम्हरे होते हँसे समुंदर
सारी व्यथा सुनाई
हो गिरजा सारी व्यथा सुनाई
शिव कियो जतन सागर को मथन
लिए चौदह रतन निकाल रे
सागर में उतारी गागरिया

इठलाती चली, बलखाती चली
पनिया भरन शिव नार रे,
सागर में उतारी गागरिया

✿ ✿ ✿

गीतों की लय जानने के लिए यूट्यूब चैनल "सृजन Trupti Mishra" को सब्सक्राइब करें।

62. रिमझिम पड़े रे फुहार भोले की मढ़ैय्या में

लोकगीतों में त्रिपुरारी शिव शंकर के लिए बड़े सुंदर गीत बने हैं। ऐसा ही एक अत्यंत पुरातन भक्ति गीत है जिसमें भोले की मढ़ैया यानी चार खंबे वाला छोटा सा मंडप समान मंदिर की सुंदरता और भक्तिन द्वारा उनकी भक्ति करने का वर्णन है।

गीत के बोल इस प्रकार हैं।:-

रिमझिम पड़े रे फुहार भोले की मढ़ैय्या में
रिमझिम पड़े रे फुहार भोले की मढ़ैय्या में

गंगा जी से जल भर लाऊं, चढ़े दूध की धार
भोले की मढ़ैय्या में

रिमझिम पड़े रे फुहार
भोले की मढ़ैय्या में

चुन -चुन कलियाँ हार बनाऊं, करूँ तेरा सिंगार
भोले की मढ़ैय्या में

भभूति रमाय बैठे भोला, चढ़े धतूरा भांग
भोले की मढ़ैय्या में

रिमझिम पड़े रे फुहार
भोले की मढ़ैय्या में

कैलाशी हो अविनाशी तुम, बम भोला होय निनाद
भोले की मढ़ैय्या में

रिमझिम पड़े रे फुहार
भोले की मढ़ैय्या में

कैसे करूँ भोला सेवा तुम्हारी, बाली उमरिया हमार
भोले की मढ़ैय्या में

रिमझिम पड़े रे फुहार भोले की मढ़ैय्या में
रिमझिम पड़े रे फुहार भोले की मढ़ैय्या में

✿ ✿ ✿

गीतों की लय जानने के लिए यूट्यूब चैनल "सृजन **Trupti Mishra**" को सब्सक्राइब करें।

63. मन धीर धरो घबराओ नहीं

भजन या कीर्तन में एक श्रेणी निर्गुण भजनों की भी होती है जिसमें किसी भगवान के मूर्त रूप की स्तुति नहीं की जाती बल्कि उसके सूक्ष्म रूप या निर्गुण रूप की आराधना की जाती है।

इसी तरह का एक निर्गुण भजन है जिसमें भगवान के सर्वत्र व्याप्त होने की बात कही गयी है और भक्त अपने मन को कहता है कि, हे मन, धीरज धरो, कभी न कभी प्रभु दर्शन अवश्य होंगे। गीत के बोल इस प्रकार हैं:-

मन धीर धरो घबराओ नहीं
भगवान मिलेंगे कभी न कभी
मन धीर धरो घबराओ नहीं
भगवान मिलेंगे कभी न कभी

वो जल में मिलें, वो थल में मिलें
अम्बर में मिलेंगे, कभी न कभी
अग्नि में मिलें, वायु में मिलें
पंचतत्व में मिलेंगे, कभी न कभी

मन धीर धरो घबराओ नहीं
भगवान मिलेंगे कभी न कभी

गंगा में मिलें, जमना में मिलें
सरजू में मिलेंगे, कभी न कभी

ब्रह्मपुत्र में मिलें, चम्बल में मिलें
कावेरी में मिलेंगे, कभी न कभी

मन धीर धरो घबराओ नहीं
भगवान मिलेंगे कभी न कभी

मथुरा में मिलें, काशी में मिलें
अयोध्या में मिलेंगे, कभी न कभी
चार धाम मिलें, हरिद्वार मिलें
द्वारिका में मिलेंगे, कभी न कभी

मन धीर धरो घबराओ नहीं
भगवान मिलेंगे कभी न कभी

चंदा में मिलें, तारों में मिलें
सूरज में मिलेंगे, कभी न कभी
ग्यारस में मिलें, अमावस में मिलें
पूनम में मिलेंगे, कभी न कभी

मन धीर धरो घबराओ नहीं
भगवान मिलेंगे कभी न कभी

महीनों में मिलें, बरसों में मिलें
घंटों में मिलेंगे, कभी न कभी
मूरत में मिलें, पूजन में मिलें
जीवन मे मिलेंगे, कभी न कभी

मन धीर धरो घबराओ नहीं
भगवान मिलेंगे कभी न कभी

गैय्या में मिलें, वृक्षों में मिलें
पंछी में मिलेंगे, कभी न कभी
वो मन में मिलें, वो तन में मिलें
कण कण में मिलेंगे, कभी न कभी

मन धीर धरो घबराओ नहीं
भगवान मिलेंगे कभी न कभी

"बोल हरिनाम बोल"

✿ ✿ ✿

गीतों की लय जानने के लिए यूट्यूब चैनल "सृजन **Trupti Mishra**" को सब्सक्राइब करें।

64. भजन बिना जल जइयो एसो जिवना

भजन का एक विशेष प्रकार होता है निर्गुण भजन का, जिसमें प्रभु के सूक्ष्म रूप की स्तुति की जाती है।

ऐसा ही एक लोकगीत है जिसमें बताया गया है कि भजन के बिना जीवन व्यर्थ है। प्रभु भजन की जीवन में उतनी ही जरूरत है, जितनी जल की जीवन में जरूरत है।

अपने अंदर जीवन का सार समेटे इस गीत में अनेक अपभ्रंश हैं। जैसे सुनती आयी हूँ वैसे ही प्रस्तुत कर रही हूँ।

भजन बिना
जल जइयो एसो जिवना
भजन बिना
जल जइयो एसो जिवना

मंदिर सुना इक मुरत बिना
मुरत सुनि इक पूजा बिना
जल जइयो एसो जीवना

दिपक सुना इक बाति बिना
बाति सुनि इक जोति बिना
जल जइयो एसो जीवना

राजा सुना इक राज बिना
राज सुना इक न्याय बिना
जल जइयो एसो जीवना

देह सुनि इक प्राण बिना
प्राण सुने हरिनाम बिना
जल जइयो एसो जीवना

पुरुष सुना इक नारी बिना
नारी सुनि इक पुत्र बिना
जल जइयो एसो जीवना

ठाकुर सुना इक भोग बिना
भोग सुना तुलसी पात बिना
जल जइयो एसो जीवना

वृक्ष सुना इक डाली बिना
डाली सुनि हरि पात बिना
जल जइयो एसो जीवना

भजन बिना
जल जइयो एसो जिवना
भजन बिना
जल जइयो एसो जिवना

"बोल हरि बोल"

✿ ✿ ✿

गीतों की लय जानने के लिए यूट्यूब चैनल "सृजन Trupti Mishra" को सब्सक्राइब करें।

65. मन मतवाला, जपूँ कैसे माला

आज का लोकगीत एक अत्यंत पुरातन गीत है जिसमें भक्तिन कह रही है कि हे भगवन मैं कैसे माला जपूँ? मेरा तो एकचित्त ही नहीं, मैं कैसे ध्यान लगाऊँ? गीत के बोल हैं:-

मन मतवाला
जपूँ कैसे माला
मन मतवाला
जपूँ कैसे माला

नहाय धोय पूजा पर बैठी
माया जाल में हाला बेहाला
जपूँ कैसे माला

दिन नहीं चैन रात नहीं निंदिया
मेरी समझ में पड़ गया पाला
जपूँ कैसे माला

मन मतवाला
जपूँ कैसे माला

मन मंदिर के 10 दरवाजे
ध्यान की कुठरिया में पड़ गया ताला
जपूँ कैसे माला

मन मतवाला
जपूँ कैसे माला

मीरा के प्रभु गिरधर नागर
टारो न टारो दीन दयाला
जपूँ कैसे माला

मन मतवाला
जपूँ कैसे माला
मन मतवाला
जपूँ कैसे माला

✿ ✿ ✿

गीतों की लय जानने के लिए यूट्यूब चैनल "सृजन **Trupti Mishra**" को सब्सक्राइब करें।

66. हरि नाम से परिवर्तन होगा

भजनों में एक विशेष श्रेणी होती है निर्गुण भजन की, जिसमें भगवान के सूक्ष्म रूप की स्तुति की जाती है। ऐसा ही एक अत्यंत पुरातन निर्गुण भजन आज प्रस्तुत है।

हरि नाम से परिवर्तन होगा
रे मन जरा धीर धरो
मनवांछित फल अर्पण होगा
रे मन जरा धीर धरो

आशा को सफल बनाता जा
श्रद्धा से ध्यान लगाता जा
एक रोज तुझे दर्शन होगा
रे मन जरा धीर धरो

हरि नाम से परिवर्तन होगा
रे मन जरा धीर धरो
मनवांछित फल अर्पण होगा
रे मन जरा धीर धरो

झूमेगी दुनिया तेरे लिए
सब कुछ सह लेगी तेरे लिए
जब प्रेम में वो साजन होगा
रे मन जरा धीर धरो

हरि नाम से परिवर्तन होगा
रे मन जरा धीर धरो
मनवांछित फल अर्पण होगा
रे मन जरा धीर धरो

जीवन में भक्ति छह जाए
भक्ति में कुछ रस आ जाये
रस कोई असीम रतन होगा
रे मन जरा धीर धरो

हरि नाम से परिवर्तन होगा
रे मन जरा धीर धरो
मनवांछित फल अर्पण होगा
रे मन जरा धीर धरो

प्रभु आते हैं और आएंगे
भक्तों के कष्ट मिटायेंगे
मोहन से तुम्हारा मिलन होगा
रे मन जरा धीर धरो

हरि नाम से परिवर्तन होगा
रे मन जरा धीर धरो
मनवांछित फल अर्पण होगा
रे मन जरा धीर धरो

भजन गाते हैं और गाएंगे
काया को सफल बनाएंगे
जब सामने हरि दर्शन होगा
रे मन जरा धीर धरो

हरि नाम से परिवर्तन होगा
रे मन जरा धीर धरो
मनवांछित फल अर्पण होगा
रे मन जरा धीर धरो

रे मन जरा धीर धरो
रे मन जरा धीर धरो

"बोल हरि बोल"

✿ ✿ ✿

गीतों की लय जानने के लिए यूट्यूब चैनल "सृजन Trupti Mishra" को सब्सक्राइब करें।

67. घूंटी पी ले हरिनाम वाली घोल घोल के

भक्ति गीतों में एक विशेष श्रेणी होती है। जिसे निर्गुण भजन कहते हैं। जिसमें किसी ईश्वर विशेष की आराधना नहीं होकर भगवान के सूक्ष्म रूप की, हरिनाम की आराधना की जाती है। ऐसा ही एक अत्यंत पुरातन गीत है जिसमें हरिनाम की घूंटी को घोल कर पीने के लिए कहा गया है और हरिनाम की घूंटी के चमत्कार बताए गए हैं। गीत के बोल इस प्रकार हैं:-

घूंटी पी ले हरिनाम वाली
घोल घोल के
घोल घोल के घूंटी छान छान के
घूंटी पी ले हरिनाम वाली
घोल घोल के

घूंटी पी गए हनुमान
उनके सीने में भगवान
वाने लंका को जलाया
खिड़की खोल खोल के

घूंटी पी ले हरिनाम वाली
घोल घोल के

घूंटी पी गयी द्रोपदी नारी
वो तो भरी सभा में पुकारी
उसकी लाज को बचाया
चीर जोड़ जोड़ के

घूंटी पी ले हरिनाम वाली
घोल घोल के

घूंटी पी गयी मीरा बाई
उसके गिरधर बने सहाई
वो तो मोहन के संग नाची
घुंघरू बाँध बाँध के

घूंटी पी ले हरिनाम वाली
घोल घोल के

घूंटी पी गए तुलसीदास
उनको राम मिलन की आस
वाने रामायण लिख डाली
पाती जोड़ जोड़ के
घूंटी पी ले हरिनाम वाली
घोल घोल के

घूंटी पी गए सुदामा
उसके चरणों को धोये कान्हा
उसका महल भी बनवाया
ईंटा जोड़ जोड़ के

घूंटी पी ले हरिनाम वाली
घोल घोल के

घूंटी पी गए प्रह्लाद
उनके पिता थे जल्लाद
सच्चा मारग बताया
हरि बोल बोल के

घूंटी पी ले हरिनाम वाली
घोल घोल के

घूंटी बन गए बालक ध्रुव
उनकी माता बन गई गुरु
उसने प्रभु को बुलाया
वन में डोल डोल के

घूंटी पी ले हरिनाम वाली
घोल घोल के

घूंटी पियो और पिलाओ
सबको पीना भी सिखलाओ
सबको भजन में बुलाओ
हाथ जोड़-जोड़ के

घूंटी पी ले हरिनाम वाली
घोल घोल के
घूंटी पी ले हरिनाम वाली
घोल घोल के

"बोल हरि बोल"

✿ ✿ ✿

गीतों की लय जानने के लिए यूट्यूब चैनल "सृजन Trupti Mishra" को सब्सक्राइब करें।

68. मेरे मोहन तेरा मुस्कुराना, भूल जाने के काबिल नहीं है

कृष्ण के ऊपर बने लोकगीतों की बहुत बड़ी श्रृंखला है और हर तरह के कीर्तन में यह गाए जाते हैं।

इसी तरह का एक अत्यंत पुरातन गीत है जिसमें गोपी कृष्ण की मोहक मुस्कान पर आसक्त है और उसे भूल ही नहीं पा रही।

उत्तर प्रदेश के लखनऊ के आसपास बोली जाने वाली हिंदी में लिखे गए इस गीत में उर्दू की स्पष्ट छाप दिखाई देती है। गीत के बोल हैं:-

मेरे मोहन तेरा मुस्कुराना
भूल जाने के काबिल नहीं है
मेरे मोहन तेरा मुस्कुराना
भूल जाने के काबिल नहीं है

शीशा पत्थर से टकरा के टूटा
मुझको उसकी खबर तक नहीं है
मेरा दिल ऐसे टूट गया है
जो बताने के काबिल नहीं है

मेरे मोहन तेरा मुस्कुराना
भूल जाने के काबिल नहीं है

अभी आये अभी चल दिये हो
पास बैठो दो बातें तो कर लें

तेरी अँखियों का हमसे चुराना
भूल जाने के काबिल नहीं है

मेरे मोहन तेरा मुस्कुराना
भूल जाने के काबिल नहीं है

हमनें पूछा कि कल तुम कहाँ थे
पहले मुस्काये फिर हँस के बोले
ऐसी बातें क्यों पूछती हो
जो बताने के काबिल नहीं है

मेरे मोहन तेरा मुस्कुराना
भूल जाने के काबिल नहीं है

हमने पूछा कि फिर कब मिलोगे
और कहाँ पे मिलोगे बता दो
हम तो रहते तुम्हारे ही दिल में
ढूंढने की जरूरत नहीं है

मेरे मोहन तेरा मुस्कुराना
भूल जाने के काबिल नहीं है

जब से देखा है जलवा तुम्हारा
कुछ भी आंखों को भाता नहीं है
यूं तो देखे हैं कई नूर हमने
पर तुमसा जहाँ में नहीं है

मेरे मोहन तेरा मुस्कुराना
भूल जाने के काबिल नहीं है

"राधे राधे"

✿ ✿ ✿

गीतों की लय जानने के लिए यूट्यूब चैनल "सृजन Trupti Mishra" को सब्सक्राइब करें।

69. वन जाने वाले रघुवर को, प्रणाम हमारा कह देना

आज का लोकगीत भगवान राम की स्तुति है। जिसमें भक्त द्वारा वनवासी राम, उनके परिवार जन, उनके वानर दल को प्रणाम कह देने की बात की गई है। इसी के साथ पवित्र पुराणों, रामायण और गीता को भी वह इस गीत के माध्यम से नमन करता है।

गीत के बोल इस प्रकार हैं:-

वन जाने वाले रघुवर को
प्रणाम हमारा कह देना
प्रणाम हमारा कह देना
नमस्कार हमारा कह देना
वन जाने वाले रघुवर को
प्रणाम हमारा कह देना

तो रामचन्द्र अवतारी को
वो लक्ष्मण धनुर्धारी को
वो जनकदुलारी सीता को
प्रणाम हमारा कह देना

वन जाने वाले रघुवर को
प्रणाम हमारा कह देना

वो राम की माता कौशल्या और
भरत की माता कैकयी को
वो अवधपुरी राजा दशरथ को
प्रणाम हमारा कह देना

वन जाने वाले रघुवर को
प्रणाम हमारा कह देना

वो हनुमान बलशाली को
और वानर सेना सारी को
वो सुग्रीव अंगद भारी को
प्रणाम हमारा कह देना

वन जाने वाले रघुवर को
प्रणाम हमारा कह देना

वो तुलसीकृत रामायण को
और चारों वेद पुराणों को
वो गीता माँ कल्याणी को
प्रणाम हमारा कह देना

वन जाने वाले रघुवर को
प्रणाम हमारा कह देना
प्रणाम हमारा कह देना
नमस्कार हमारा कह देना
वन जाने वाले रघुवर को
प्रणाम हमारा कह देना

"बोल सिया वर राम चन्द्र की जय"

✿ ✿ ✿

गीतों की लय जानने के लिए यूट्यूब चैनल "सृजन Trupti Mishra" को सब्सक्राइब करें।

70. वन्दन है गुरुदेव, चरण में वन्दन है गुरुदेव

जीवन में गुरु को सबसे ऊपर माना गया है। बिना गुरु के ये जीवन व्यर्थ है। आज का लोकगीत गुरु की ही महिमा कहता है। गीत के बोल निम्नलिखित हैं:-

वन्दन है गुरुदेव
चरण में वन्दन है गुरुदेव
वन्दन है गुरुदेव
चरण में वन्दन है गुरुदेव

जब जब गुरु जी तुमने बुलाया
आ ना सकी मैं द्वार तुम्हारे
बंधन है गुरुदेव
जगत का बंधन है गुरुदेव

वन्दन है गुरुदेव
चरण में वन्दन है गुरुदेव

साँस साँस गुरु तुम्हें सुमरती
एक पल भी प्रभु तुम्हें ना बिसरती
चंचल है गुरुदेव
ये मन बड़ा चंचल है गुरुदेव

वन्दन है गुरुदेव
चरण में वन्दन है गुरुदेव

तुम ना होते तो पशु मैं होती
चाहे जिंदगी कैसे बिताती
कंचन है गुरुदेव ये काया
कंचन है गुरुदेव

वन्दन है गुरुदेव
चरण में वन्दन है गुरुदेव

ये जीवन प्रभू कड़वा नीम है
गुरु चरणों में हुआ लीन है
चन्दन है गुरुदेव मलयगिरी चन्दन है गुरुदेव

वन्दन है गुरुदेव
चरण में वन्दन है गुरुदेव

जीवन खेती कब जोतोगे
नाम बीज प्रभु कब बोओगे
बंजर है गुरुदेव ये खेती
बंजर है गुरुदेव

वन्दन है गुरुदेव
चरण में वन्दन है गुरुदेव

"बलिहारी गुरु आपकी,
गोविंद दियो बताय।।"

✿ ✿ ✿

गीतों की लय जानने के लिए यूट्यूब चैनल "सृजन Trupti Mishra" को सब्सक्राइब करें।